“互联网+”对京津冀传统行业破坏性创新研究

董志良　著

北　京
冶　金　工　业　出　版　社
2023

内 容 提 要

本书主要针对传统产业价值链重构的形成要素及要素间关系的变化规律进行研究，以京津冀传统采矿业和石家庄市制造业产业价值关系为对象，介绍“互联网+”的破坏性创新特性研究、“互联网+”产业的运作方式研究、“互联网+”企业业务模式的变化方向、产业模块构成、互联网背景下产业模块的价值关系等内容。

本书可供从事互联网创新及传统行业发展研究相关人员阅读。

图书在版编目(CIP)数据

“互联网+”对京津冀传统行业破坏性创新研究/董志良著. —北京：冶金工业出版社，2021.12（2023.11重印）

ISBN 978-7-5024-9010-2

Ⅰ.①互… Ⅱ.①董… Ⅲ.①互联网络—影响—传统产业—技术革新—研究—华北地区 Ⅳ.①F269.24

中国版本图书馆CIP数据核字(2021)第275885号

“互联网+”对京津冀传统行业破坏性创新研究

出版发行 冶金工业出版社 **电　话** (010)64027926
地　址 北京市东城区嵩祝院北巷39号 **邮　编** 100009
网　址 www.mip1953.com **电子信箱** service@mip1953.com

责任编辑 曾 媛 美术编辑 彭子赫 版式设计 禹 蕊
责任校对 李 娜 责任印制 禹 蕊

北京建宏印刷有限公司印刷
2021年12月第1版，2023年11月第2次印刷
710mm×1000mm 1/16；10.5印张；201千字；157页
定价69.00元

投稿电话 (010)64027932 投稿信箱 tougao@cnmip.com.cn
营销中心电话 (010)64044283
冶金工业出版社天猫旗舰店 yjgycbs.tmall.com
（本书如有印装质量问题，本社营销中心负责退换）

前言

“互联网＋”是指在信息时代，由互联网发展引发的业态创新，也是在知识社会由互联网形态演进、催生的经济社会发展新形态。

“互联网＋”是一种全新的经济形态，是互联网与传统产业的紧密融合，使之创新甚至重构原有的生产要素、业务体系、商业模式等，以至整个社会经济转型和升级。将互联网与传统产业深入融合，能充分利用互联网的优势，激发传统行业的活力，重构产业链和产业价值链，以产业升级提升经济生产力，最后实现社会财富的增加和重新分配。

国内“互联网＋”理念的提出，最早可以追溯到2012年11月易观国际董事长兼首席执行官于扬首次提出“互联网＋”的理念。2014年11月，李克强出席首届世界互联网大会时指出，互联网是大众创业、万众创新的新工具。2015年3月，全国两会上，全国人大代表马化腾提交了《关于以“互联网＋”为驱动，推进我国经济社会创新发展的建议》的议案。2015年3月5日十二届全国人大三次会议上，李克强总理在政府工作报告中首次提出“互联网＋”行动计划。2015年7月4日，国务院印发《关于积极推进“互联网＋”行动的指导意见》，这是推动互联网由消费领域向生产领域拓展，加速提升产业发展水平，增强各行业创新能力，构筑经济社会发展新优势和新动能的重要举措。

“互联网＋”即“互联网＋传统行业”，随着互联网产业的迅猛发展，互联网领域本身的竞争越发激烈，致使互联网产业资本逐步向传统行业寻求突破，使得互联网与传统行业进行融合并逐步深入，利用互联网具备的优势特点，创造新的发展机会。同时对传统行业进行优化升级转型重构，使得传统行业能够适应当下的新发展，从而最终推动社会不断向前发展。

“互联网+传统行业”并不是简单的两者相加，而是利用信息通信技术以及互联网平台，让互联网与传统行业进行深度融合，创造新的发展生态。它代表一种新的社会形态，即充分发挥互联网在社会资源配置中的优化和集成作用，将互联网的创新成果深度融合于经济、社会各领域之中，提升全社会的创新力和生产力，形成更广泛的以互联网为基础设施和实现工具的经济发展新形态。2015年7月4日，国务院印发《国务院关于积极推进“互联网+”行动的指导意见》。2020年5月22日，国务院总理李克强在政府工作报告中提出，全面推进“互联网+”，打造数字经济新优势。

京津冀协同发展是当前国家三大战略之一，其核心是京津冀三地作为一个整体协同发展，以疏解非首都核心功能、解决北京“大城市病”为基本出发点，调整优化城市布局和空间结构，构建现代化交通网络系统，扩大环境容量生态空间，推进产业升级转移，推动公共服务共建共享，加快市场一体化进程，打造现代化新型首都圈，努力形成京津冀目标同向、措施一体、优势互补、互利共赢的协同发展新格局。

2014年2月26日，习近平同志在北京主持召开座谈会，专题听取京津冀协同发展工作汇报，强调实现京津冀协同发展，是面向未来打造新的首都经济圈、推进区域发展体制机制创新的需要，是探索完善城市群布局和形态、为优化开发区域发展提供示范和样板的需要，是探索生态文明建设有效路径、促进人口经济资源环境相协调的需要，是实现京津冀优势互补、促进环渤海经济区发展、带动北方腹地发展的需要，是一个重大国家战略，要坚持优势互补、互利共赢、扎实推进，加快走出一条科学持续的协同发展路子来。

习近平同志就推进京津冀协同发展提出七点要求，其中包括“要着力加快推进产业对接协作，理顺三地产业发展链条，形成区域间产业合理分布和上下游联动机制，对接产业规划，不搞同构性、同质化发展”。

京津冀传统产业存在带动效应不足，部分产业重合，而部分产业又没有衔接的一种非协同发展状态，想要提高京津冀传统产业的协同程度，仅依靠政府行为或者常规市场行为难度是非常大的，甚至是不可能完成的任务。因此必须通过其他具有破坏性创新属性的手段，重构京津冀传统产业产业链和产业价值链。互联网恰恰是天生具备破坏性创新的属性，并且北京的互联网产业高度发达，河北、天津的传统产业与互联网产业的融合程度还很低，在这种情况下，以“互联网+”来提升京津冀传统产业的协同程度，就具备了先天的优势。

本书主要从“互联网+传统产业”的角度研究京津冀传统产业产业链和产业价值链的破坏性创新，希望以此为突破，为提升京津冀传统产业协同程度找到一条科学可行的道路。

本书的写作得到了许多同事、学生的帮助和支持，尤其感谢河北地质大学管理学院董晓娟老师、丁超老师、安海岗老师以及2018级、2019级研究生同学们。

由于作者水平所限，本书内容存在不足及疏漏在所难免，敬请读者批评指正。

董志良

2021年7月

目　录

1 创新研究现状

1.1 创新概念的提出及其发展

创新是指创立或者创造新的，又或者是出自《南史·后妃传上·宋世祖殷淑仪》："据《春秋》，仲子非鲁惠公元嫡，尚得考别宫。今贵妃盖天秩之崇班，理应创新。"《韦氏词典》对"创新"的定义是引入新概念、新东西和革新，即"革故鼎新"与"引入"都属于创新（李满苗、张和仕，2001）。

经济学上，创新概念的起源为奥地利经济学家熊彼特（J. A. Schumpeter）在1911年出版的《经济发展理论》。熊彼特在其著作中提出：创新是指把一种新的生产要素和生产条件的"新结合"引入生产体系。它包括五种情况：引入一种新产品、引入一种新的生产方法、开辟一个新的市场、获得原材料或半成品的一种新的供应来源、新的组织形式。熊彼特的创新概念包含的范围很广，如涉及到技术性变化的创新及非技术性变化的组织创新。1928年熊彼特的论文《资本主义的非稳定性》首次提出了创新是一个过程性概念，并于1939年出版的《商业周期》一书中比较全面地提出了创新理论。

管理学上，自20世纪60年代，创新开始被管理学家引入管理领域。彼得·德鲁克在《动荡年代的管理》中对创新理论进行了拓展，他把创新含义定义为有系统地抛弃昨天，有系统地寻求创新机会，在市场薄弱地带寻找机会，在新知识诞生时期寻找机会，在市场的需求和短缺中寻找机会。创新是赋予资源以新的创造财富能力的行为。任何使现有资源的财富创造潜力发生改变的行为，都可以称之为创新。

同一时期，随着新技术革命的迅猛发展，美国经济学家华尔特·罗斯托提出了"起飞"六阶段理论，对"创新"的概念发展为"技术创新"，把"技术创新"提高到"创新"的主导地位。

1962年，伊诺思（J. L. Enos）在其《石油加工业中的发明与创新》一文中首次直接明确地对技术创新下定义："技术创新是几种行为综合的结果，这些行为包括发明的选择、资本投入保证、组织建立、制订计划、招用工人和开辟市场等。"伊诺思的定义是从行为的集合的角度来下定义的。而首次从创新时序过程角度来定义技术创新的林恩（G. Lynn）认为技术创新是"始于对技术的商业潜力的认识而终于将其完全转化为商业化产品的整个行为过程"。

美国的迈尔斯（S. Myers）和马奎斯（D. G. Marquis）在1969年的《成功

的工业创新》中将创新定义为技术变革的集合，认为技术创新是一个复杂的活动过程，从新思想、新概念开始，通过不断地解决各种问题，最终使一个有经济价值和社会价值的新项目得到实际的成功应用。到20世纪70年代下半期，他们对技术创新的界定大大扩宽了，在NSF报告《1976年：科学指示器》中，将创新定义为“技术创新是将新的或改进的产品、过程或服务引入市场”，而明确地将模仿和不需要引入新技术知识的改进作为最终层次上的两类创新划入技术创新定义范围中。

20世纪70～80年代开始，有关创新的研究进一步深入，开始形成系统的理论。厄特巴克（J. M. Utterback）在1974年发表的《产业创新与技术扩散》中认为，“与发明或技术样品相区别，创新就是技术的实际采用或首次应用”。缪尔赛在20世纪80年代中期对技术创新概念做了系统的整理分析。在整理分析的基础上，他认为：“技术创新是以其构思新颖性和成功实现为特征的有意义的非连续性事件。”

著名学者弗里曼（C. Freeman）把创新对象基本上限定为规范化的重要创新。他从经济学的角度考虑创新。他认为，技术创新在经济学上的意义只是包括新产品、新过程、新系统和新装备等形式在内的技术向商业化实现的首次转化。他在1973年发表的《工业创新中的成功与失败研究》中认为，“技术创新是技术的、工艺的和商业化的全过程，其导致新产品的市场实现和新技术工艺与装备的商业化应用”。其后，他在1982年的《工业创新经济学》修订本中明确指出，技术创新就是指新产品、新过程、新系统和新服务的首次商业性转化。

我国20世纪80年代以来开展了技术创新方面的研究，傅家骥先生对技术创新的定义是：企业家抓住市场的潜在盈利机会，以获取商业利益为目标，重新组织生产条件和要素，建立起效能更强、效率更高和费用更低的生产经营方法，从而推出新的产品、新的生产（工艺）方法、开辟新的市场，获得新的原材料或半成品供给来源或建立企业新的组织，它包括科技、组织、商业和金融等一系列活动的综合过程。此定义是从企业的角度给出的。彭玉冰、白国红也从企业的角度为技术创新下了定义：“企业技术创新是企业家对生产要素、生产条件、生产组织进行重新组合，以建立效能更好、效率更高的新生产体系，获得更大利润的过程。”

进入21世纪，信息技术推动下知识社会的形成及其对技术创新的影响进一步被认识，科学界进一步反思对创新的认识：技术创新是一个科技、经济一体化过程，是技术进步与应用创新“双螺旋结构”（创新双螺旋）共同作用催生的产物，而且知识社会条件下以需求为导向、以人为本的创新2.0模式进一步得到关注。《复杂性科学视野下的科技创新》在对科技创新复杂性分析基础上，指出了技术创新是各创新主体、创新要素交互复杂作用下的一种复杂涌现现象，是技术进步与应用创新的“双螺旋结构”共同演进的产物；信息通信技术的融合与发展推动了社会形态的变革，催生了知识社会，使得传统的实验室边界逐步“融化”，进一步推动了科技创新模式的嬗变。要完善科技创新体系急需构建以用户为中心、需求为驱动、以社会实践为舞台的共同创新、开放创新的应用创新平台，通过创新双螺旋结构的呼应与互动形成有利于创新涌现的创新生态，打造以人为本的创新2.0模式。《创新2.0：知识社会环境下的创新民主化》进一步对面向知识社会的下一代创新，即创新2.0模式进行了分析，将创新2.0总结为以用户创新、大众创新、开放创新、共同创新为特点的，强化用户参与、以人为本的创新民主化。

通过以上对创新概念的梳理，本书研究认为一切对过去的行为、事务、规则等的发展、改造、摒弃或重用都是创新的体现，它包括了技术创新、应用创新、综合创新（模式创新），其表现形式有渐进式创新和破坏性创新。

1.2 创新研究现状

在经济高速发展的今天，科技加速进步，社会更加复杂多样，为了更好适应社会进步带来的冲击，提高企业竞争力，世界各国的企业都在不断创新，既有技术创新，也有管理创新，形成宏观上的经济创新。各国政府也都将创新作为国家发展战略，因此创新获得了空前的关注，学术界对创新相关的研究也在持续地进行，并取得了很多成果。

1.2.1 国外研究现状

创新研究始于熊彼特（J. A. Schumpeter）1911年的德文版《经济发展理论》，该书中熊彼特首次提出了创新的概念，提出以创新为核心的经济发展理论，强调技术进步是推动经济长期增长的重要动力。随着研究的深入，技术创新理论和制度创新理论成为创新理论的两大主要分支。技术创新理论认为技术进步的主要推动力来自于企业家对利润的追求，经济结构与技术创新具有相互促进的作用，更加强调技术创新的核心作用。

熊彼特对技术创新的定义进行了归纳，但较为广泛。之后一些学者也对技术创新的定义进行了分析研究，Robert Solow 在论文《Innovation in the capitalist process: A critique of the Schumpeterian theory》中提出技术创新必须具有新的思想来源以及能够在后续阶段转化为现实生产力，该定义首次从过程解析创新，被认为是技术创新概念界定上的一个里程碑（Solo，1951）。Enos 在论文《Invention and innovation in the petroleum refining industry》中从行为集合的角度给出了技术创新的定义，认为技术创新“是若干种行为的综合结果，包括资本投入、组织建立、发明方向、员工素质和市场开拓”等。Mansfield 对技术创新的定义得到了较多学者的认可，他认为技术创新是“从企业对新产品的构思开始，直至新产品销售并交付出去为止的探索性活动”。

也有部分学者从制度角度对企业技术创新和经济效益的影响进行研究，这些主要是制度创新理论的研究。North 构建了较为完整的制度分析理论框架，认为产生制度创新的原因是创新可以明显提高预期收益，且这种预期收益是在现有制度下无法实现的。制度创新与技术创新虽然都是采用一种新发明，但是二者的来源和应用领域不同，前者是管理领域的新发明或改进，而后者则是技术新发明或改进。V. W. Ruttan 提出了制度变迁的诱致性创新理论模型，指出制度发展过程最终促进了新知识的产生，进而导致了技术进步，同时技术进步又会反过来拉动制度的变迁。

综上所知，制度创新学派认为制度最重要，对经济和管理起核心作用，而技术创新虽然很重要，但不是关键所在。

随着创新理论的不断发展，创新研究的视角也逐渐丰富。如迈克尔·波特从国家竞争力的角度对创新进行了论述，他把创新视为经济增长重要的驱动力。他认为产业竞争力直接关系国家竞争力的强弱，他把产业参与国际竞争分为四个阶段：要素驱动、资本驱动、创新驱动以及财富驱动。其中创新驱动阶段，社会的整体创新能力增强，产业发展处于国际分工领导者的地位，企业在产业发展的各个环节都具有相当的创造力，优势产业为技术密集型。波特认为相对于其他阶段，创新驱动是一国产业发展的较快的阶段，是一国的产业在参与国际贸易的过程中竞争力逐渐增强的阶段，是产业从价值链低端向中高端跃升的重要阶段。

国外在创新实证研究文献中，对创新测度的研究较多，准确的测度创新是开展创新实证研究的基础。国外学者常用的测度创新的方法有以下几种：

（1）采用单一指标作为创新能力的代理指标进行实证分析。很多研究用研发投入、专利申请或授权的数量或者质量以及新产品等来表示创新能力或创新绩效。如 Griliches（1990，1998），Hitt、Hoskisson 和 Kim（1997），Nelson 和 Winter（1982）认为研发投入会直接影响到企业创新绩效和创新能力，因此直接采用研发投入作为衡量企业创新绩效的指标。Acs 和 Audretsch（2002），Freeman 和 Soete（1997）等学者发现专利是衡量企业创新绩效最合适的测度指标，因为专利体现了一个企业新技术、新工艺流程和新产品的创新程度。与之类似，还有一些学者认为用新产品来表征企业的创新绩效，尤其是经济绩效也非常合适，如 Hitt 等（1996）学者以新产品所占比重作为企业创新绩效的度量指标，对美国 250 家企业的创新绩效进行了研究。

（2）多指标评价体系测度法。相对于单一指标，考虑的影响因素更多、更全面，评价结果的可靠性更高。加拿大的 Debresson 用人均创新资本投入量、单位销售收入的创新资本投入量、企业的创新倾向等 7 个指标对企业的技术创新能力进行了比较；K. Clark 从产品创新能力和工艺创新能力两个方面设计了企业技术创新能力的评价指标体系。

（3）从投入产出角度衡量技术创新。E. Mansfield 提出了技术模仿论，拓展了熊彼特的创新理论。G. Mensch 把创新分为基础创新、改进创新和虚假创新三类，认为缺乏创新或者技术创新陷入“僵局”是导致经济陷入萧条的主要原因。20 世纪 70 年代美国经济学家 M. L. Kamien 和 Schwartz 认为：市场的竞争程度越高、企业规模越大、垄断程度越高，创新的动力越强，但是完全竞争市场和完全垄断市场分别因为企业实力弱小和缺乏足够竞争而不利于引起大的技术创新，因此“中间程度竞争”的市场结构对于创新最为有利。

创新的应用相关研究开始出现与产业相结合。在创新对产业结构升级的影响研究方面，国外学者更多是研究技术创新对产业结构升级的影响。

Pavitt（1984）构建了产业依赖模型，对技术创新与产业进化间的关系进行考察，研究发现，不同产业间的技术创新存在着显著差异，产业环境与企业的技术创新行为之间存在相互影响的关系。Arthur（1989）的研究认为，技术创新在产业演化过程中发挥着关键作用，技术创新促进了产业结构升级。Antonelli（2003）从要素强度和产出弹性的角度分析了技术创新与产业结构动态演化之间的关系，认为技术变革和产业的动态演化之间是相互影响、相互促进的。对区域发展而言，符合区域要素禀赋的技术引进和模仿式创新是推进地区产业结构快速演进的一条捷径。Gary Gereffic（1999）认为产业升级是一个经济体通过技术创新，其产业类型逐渐向技术先进的资本或技术密集型转变的过程。在这一过程中随着经济主体自我发展能力不断提升，其在全球价值链中的地位也将不断攀升。Azadegan 和 Wagner（2011）认为，产业升级就是制造技术从简单到复杂、不断循序发展的过程，技术进步是产业得以升级的重要依托。Ngai 和 Pissarides（2007）通过构建多部门经济增长模型的分析，指出部门间全要素生产率的差异是促进要素流动、结构变迁的重要原因，并采用美国两位数产业数据进行了实证检验。K. Desmet 和 E. Rossi-Hansberg（2009）认为产业结构全面转换升级是在技术创新与主导产业交替作用下实现的，要素从低生产率增长部门流向高生产率增长部门的同时促进了经济增长与全要素生产率的提升，为克服规模收益递减和成本上涨等不利因素，企业往往会通过创新提供新产品与服务，此过程伴随着制造业份额下降，服务业集聚与区域生产率增长，产业结构随之发生变化。

综上所述，国外学者们从多个角度、多个层面对创新、产业结构升级及经济增长之间的关系进行了论述，基本都肯定了创新是推动产业结构升级的重要动力。

1.2.2 国内研究综述

国内对创新研究也很多，从一开始的创新概念及内涵，到后来的创新对经济的作用机制机理研究，再到后来的企业或行业创新能力评价以及创新实施方法和路径的研究。

在对创新概念的界定以及其内在含义方面，洪银兴（2013）从经济增长动力机制角度定义了创新：认为创新是指利用新知识和技术对劳动、资本、自然资源等生产要素以一种新的方式进行排列组合，通过新知识和新技术改造物质资本，通过新制度提升劳动者素质，通过新模式激发人力资本的创造能力，从而增加产出，形成内生性经济增长。刘志彪（2011）从经济增长的动力转换方面对创新进行了阐述。指出新时期创新是驱动经济增长的主要动力，同时要注意，创新驱动经济增长并不是不需要要素和投资的支持，只是在投入结构方面，创新驱动阶段和要素及投资驱动阶段有所差别，在创新驱动阶段，固定资本的形成率会相对下降，而 R&D 和人力资本投入的比例会逐渐上升，最终使创新成为驱动经济内生增长的核心动力。张银银等（2013）从过程的角度定义了创新，指出创新过程包括首尾相接的三个阶段：前端、中端和后端。前端主要是知识和研发的积累，中端是研发成果的产业化，后端是新产品的市场化。张来武（2013）从创新驱动经济增长特征的视角给出了创新的定义，认为创新是一种新的经济发展要素，重点是强调以人为本，是由企业家驱动的发展方式。陈勇星等（2013）以江苏省为研究对象从广义和狭义的角度定义了创新，认为广义的创新涵盖了创新链的整个过程，从创新资源投入，到各阶段的创新活动，最后到创新促进经济社会实现全面可持续增长的全过程。

对创新内涵的探讨方面，学者们基本上是在熊彼特的创新理论的基础上展开进一步研究。洪银兴（2013）认为创新是一个体系，首先，在这个体系里面，科技创新是核心，其他方面的创新相对而言处于从属地位，科技创新包括上游的科学发现和知识创造、中游技术创新及下游的技术应用；其次产业创新是终端，科技进步推动的产业革命是科技创新最突出的特点，正如迈克尔·波特所言，一个国家的竞争力是以产业为单位来度量的，高科技产业蓬勃发展意味着经济发展的科技含量更高、增长质量更好、附加价值高、地区竞争力强，因此产业创新是创新驱动的最终落脚点。钞小静（2013）认为创新是指各种物质要素经过新知识和新发明的介入和组合提高了创新能力，科技创新是主要内容，制度创新是重要保障。肖文胜（2014）认为创新包括“硬创新”和“软创新”，“硬创新”指科技创新，“软创新”包括市场创新、资源配置方式创新、组织创新等，其中，核心是“硬创新”，“软创新”是“硬创新”的保障和激励。陈曦（2013）指出，创新包含两个层次：自主创新和协同创新。自主创新包括原始创新、集成创新、引进吸收再创新；协同创新是对自主创新的整合和提升，进一步释放创新能量。

国内学者对创新的测度，较常用的方法有单一指标法、指标体系法和投入产出法三种。

单一指标法，国内外学者认识较为一致，经常采用的指标有专利、新产品销售收入等。

指标体系法通常基于学者们对创新概念的理解和研究的侧重点来设计，虽然指标体系法考虑的因素要比单一指标法全面，但是指标体系的设计往往具有一定的主观性，因此不同研究之间的可比性较差。我国也有很多学者通过构建指标体系对我国的创新能力进行评价，如任胜刚等（2011）从创新主体和创新环境两个方面，采用28个相关指标对我国各省域的创新能力进行了评价。李艳萍等（2016）从知识创造、知识流动、企业技术创新和企业环境创新能力四个方面构建评价指标体系对我国区域创新能力进行了评价。采用指标体系法分析创新驱动的研究相对较少。蒋玉涛（2009）从创新过程的视角对创新型区域的评价构建了指标体系。杨燕等（2011）把促使企业创新的因素分为内部驱动和外部驱动，通过构建评价指标体系分析了创新驱动、自主创新与创新绩效之间的相互关系。吴忧等（2014）从城市创新能力和城市创新基础条件两个方面搭建了城市创新驱动发展评估分析框架，并对北京、上海、广州和深圳进行了评价。祝影和王飞（2016）利用耦合理论，从创新和发展两个角度对我国省域的创新驱动绩效进行了实证分析。

基于效率的“效率－产出”模型分析法，对创新效率进行测度，用创新效率作为创新绩效或创新能力的评价指标。大多数采用效率－产出法来评价创新绩效的文献认为，单一的投入或产出指标分析法虽然具有使用方便的优点，但由于忽视了投入产出之间的密切联系，因此不能准确地对创新绩效进行评价。而指标体系法虽然比单一指标更加全面，但由于涉及的面广、数据量大等原因在采用面板数据分析的情况下，数据获取难度较大，另外，指标体系的设计目前并没有一个统一的框架，研究者往往根据自身的需要进行设计，带有一定的主观性。而效率－产出模型法，不仅考虑到了投入因素，还考虑了产出因素，且操作起来简单方便，因此是很多学者常用的一种评价方法。常用的效率－产出的方法有两种：随机前沿分析法（SFA）和数据包络分析法（DEA）。如白俊红和江可申（2009）等学者采用基于超越对数生产函数的SFA分析法实证测算了我国30个省份1998~2007年的研发创新效率，并基于系统角度分析了各区域内的创新主体对区域创新效率的影响。史修松和赵曙东（2009）采用SFA分析法测算了中国省域的创新效率，并对空间差异进行了分析。同样用SFA测算创新效率的还有于明朝等（2010）、杨青峰（2013）、余冬筠和金祥荣（2014）、曹霞等（2015）。相对于SFA分析法，DEA分析法由于不用设计生产函数的形式而备受青睐，白俊红和蒋伏心（2015）采用DEA的方法测算了我国各省份的创新绩效，从创新系统内部和创新系统之间实证分析了协同创新和空间关联对区域创新绩效的影响。余永泽和刘大勇（2014）采用三阶段DEA的方法，从创新价值链的角度分别测度了知识创新、研发创新和产品创新的创新效率，并对不同区域不同阶段的创新效率进行了比较，针对不同区域的优势和劣势提出了适宜性的创新驱动路径。赵增耀等（2015）采用两阶段DEA法测算了区域创新绩效，发现知识创新与产品创新有显著的前向关联效应，但缺乏后关联效应，表明我国创新价值链的两个阶段存在明显失衡。王海波和杨惠馨（2016）采用DEA分析法中前后两期的Malmquist指数的几何平均数来表征创新驱动，分别从长期和短期分析了创新驱动与现代产业体系之间的关系。

实施创新的路径研究方面，对于创新促进经济增长路径的探讨一直是学者们关注的热点问题。总体而言，关于创新实施的探讨聚焦两个方面：

第一，强调宏观经济政策和政府职能转变在落实创新战略方面发挥着关键作用。徐峰和杜洪亮（2010）学者通过对20世纪70~90年代成功实现产业转型的发达国家（美、日、英、法）和新兴经济体（韩、印）的研究发现，这些国家经济振兴的实质是产业振兴，而产业成功转型并蓬勃发展的保障是国家强有力的政策支持。国家的支持政策主要包括持续的创新投入，系统的产业技术政策，重视官产学研结合、大力投资对传统产业进行高新技术改造，支持中小企业创新等。梁运文（2010）等认为实施创新战略关键是要从制度上建立国家创新发展保障机制，必须依靠依法治国和政府职能转型，从全能政府、管制政府转变为责任政府、服务政府。张来武（2013）认为，实施创新驱动发展战略要进一步深化改革，强调“顶层设计”和“多层参与、公共治理”。

第二，除了政策和制度，强调主体、产业、环境等多个层面的创新推动经济增长的作用。陈曦（2013）从十八大报告中关于创新驱动战略的论述出发，认为我国要落实创新驱动战略，首先，要搭建创新驱动的平台，通过平台集聚各种创新要素，激活创新资源，促进创新成果转化，为经济转型升级提供物质基础和制度保障；其次，要完善创新驱动机制，包括创新评价机制、创新人才机制、创新保障机制、创新文化机制。梅姝娥和仲伟俊（2017）从产业链的角度提出了落实创新驱动的路径，指出创新驱动战略的目标是要提升国家竞争力，而提升国家竞争力的前提是提升产业竞争力，因此创新驱动战略的实施必须围绕产业发展，可以通过产业升级、构建新型产业链等路径来落实。辜胜祖、刘江日（2012）等也认为，推动城市产业升级是落实创新战略的有效路径。袁峥嵘和杜霈（2014）从知识产权视角分析了我国创新实施的路径，指出通过建立完善的知识产权法律保护体系，高效的知识产权服务体系保护创新、激励创新和服务创新来促进创新战略落到实处。任保平（2016）从供给的角度给出了创新战略的实现路径：首先要通过产业结构调整改善产品供给，其次要通过改善技术供给发展创新型经济，最后要通过改善制度供给推动制度创新。

创新与产业结构升级的国内研究，十八大以来，创新和结构优化的相关研究成为理论界的热点，目前国内直接关于区域创新能力与产业结构升级的研究较少，大部分的研究都集中于技术创新、科技创新或创新强度对产业结构的优化的影响方面。洪银兴（2015）指出，科技创新是推动产业结构向中高端攀升的动力引擎，对于发展中国家来说，只靠引进和模仿创新难以赶上和超越发达国家，只有与发达国家进入同一创新起跑线才有可能把产业推向中高端。张银银和黄彬（2015）从我国当前产业发展的现状出发，指出可以通过技术创新、市场创新和全产业链创新三条路径促进产业结构升级。龚轶等（2015）基于技术创新理论，通过自主体的建模方法构建了产业进化模型，研究表明，过程创新对于提升产业结构合理化效果显著，同时过程创新和产品创新都能够推动产业结构向高级化进化。丁一兵等（2014）利用中等收入国家行业层面的数据论证了加大创新投入有利于技术创新的繁荣，而技术创新的繁荣又会显著促进产业结构升级，促使中等收入国家摆脱“中等收入陷阱”。江飞涛等（2014）研究发现近年来我国工业效率下滑的主要原因是政府主导和投资驱动的增长方式，因此必须理顺市场与政府的关系，促进技术创新和技术转移，使工业的增长方式由投资驱动转变为创新驱动，是保持工业的竞争力的关键。陶长琪等（2017）从空间效应的角度分析了技术创新与产业结构优化的影响，指出技术创新对产业结构优化有显著的正向空间效应，但是不同的区域技术创新的效力不同，从技术创新的边际收益来看，东部地区高于中部地区，西部地区最低。黄茂兴、李军军（2009）认为通过技术选择和合理的资本深化，能够促进产业结构升级。付宏等（2013）对我国 31 个省份的省际面板数据的研究表明，创新投入对产业结构高级化进程具有显著积极的作用，但从动态视角不能证明创新对产业结构高级化具有动态影响机制。薛继亮（2013）实证研究了技术选择和产业结构转型升级的作用机理，发现只有合适的技术选择才有助于推动产业结构转型升级的作用。陶长琪等（2016）从要素集聚的角度对技术创新与产业结构升级的关系进行探讨，发现技术要素聚集和创新要素聚集效应下的技术创新对省域产业结构升级具有积极影响。

1.3 创新研究趋势

从文献研究不难发现，创新研究经历了从技术创新到技术创新的作用再到创新的测度以及创新对社会经济发展的作用及其测度等的发展，如今对创新的研究，更多集中于技术创新或管理创新在某个领域的作用以及其作用程度的测度方面，或者新技术的诞生带来的应用创新与管理创新。

例如互联网的诞生及其在很多领域的应用，带来了很多研究课题，学者们把注意力多用于研究如何进行互联网应用创新，随着互联网应用的深入，其带来的社会管理、企业管理、人类行为管理等难题，将会引领学者们对互联网带来的管理难题进行管理创新研究。

因此不难看出，创新研究是始于技术创新研究，兴于应用创新研究，盛于管理创新研究，终于技术创新。在新技术不断涌现的现代社会，创新的热点也在不断轮转。但对于创新的研究本身，从其定义研究，到技术创新研究，产业创新研究，再到制度创新研究，经历了一个从理论研究到应用研究的过程。而应用研究更多的是衔接技术创新与产业应用或者衔接技术进步与管理问题相关的研究。

产业应用创新的研究热点相对比较集中，主要是新兴技术的实施路径研究，而管理问题创新的研究热点较多，其中管理制度创新和供应链管理及价值链管理创新则是几个相对比较集中的热点。

1.4　创新对传统行业发展的作用

创新对传统行业发展的促进作用是全方位的，主要体现在以下几个方面：

第一，技术创新提升企业竞争力，引领企业快速发展。

技术创新对于企业发展具有战略性意义，其最显著的作用就是提升企业竞争力，不断凝练核心竞争力，引领企业发展的方向，并保证其在激烈的市场竞争中，从成本最小化、产品差异化、学习曲线、产品和原料代替、开辟新市场等方面获得全面的优势，进而保证企业快速平稳发展。

第二，应用创新提升技术价值，使产业各环节应用水平普遍得到提升，但随着时间的演进、应用创新的普及，行业竞争更加激烈，使先行者无法保持其优势，对行业整体竞争力的提升奠定了基础。

在互联网时代，应用创新结合互联网企业超高速发展的特点，将有机会获得极速发展，并保有这种优势。

第三，管理创新能使企业在行业技术创新普遍应用背景下，对企业内部业务流程、企业产业链、产业价值链进行管理创新，以此提升企业自身竞争力的同时，使整个产业链的社会竞争力得到普遍提升。

管理创新在互联网时代，更具有不同寻常的价值，互联网时代不同于工业时代，企业对管理模式也有了全新的需求，因此摸索出全新的适合互联网时代的管理模式，更能够有效提升企业效率。

2 产业价值链破坏性重构研究的可行性

随着互联网的高速发展，中国已经开始引领全球互联网产业的发展，在未来几年，互联网管理相关的问题将不断涌现出来。“互联网 +”一般是应用于企业内部或者企业与企业之间，对各类企业和各个产业形成多样化的影响。其中，对企业价值链和产业价值链带来的影响与其他影响相比较，显得较为滞后，这种滞后的影响较难被预知，也加大了预防的难度。在不能预防的情况下，企业价值链和产业价值链被动的改造和重构，将为产业以及产业链上现有的企业带来毁灭性的影响。如果能提前掌握“互联网 +”对企业和产业价值链的影响规律，就可以借助互联网提高企业竞争力和产业协同度，避免出现激烈的社会影响。

互联网本身具备破坏性创新属性，这种破坏性创新属性被带入企业价值链和产业价值链改造和重构中，便产生了价值链破坏性创新。为了研究的规范化、便利性和延续性，把这种破坏性创新定义为产业价值链破坏性重构。“互联网 +”对产业价值链的破坏性重构作用机理、实现路径、影响范围、影响程度等一系列问题都将成为互联网与“产业价值链破坏性重构”这一学术问题的研究重点。

要研究这些学术问题，需要对“产业价值链破坏性重构”概念产生的背景及相关学术研究成果进行梳理，包括“产业价值链重构”“破坏性创新”以及“互联网 +”三方面的相关研究。本书在对相关学术研究成果进行梳理、述评和相关研究展望的同时，提出“产业价值链破坏性重构”的概念。

2.1 破坏性创新概念及发展趋势

2.1.1 破坏性创新概念研究

创新被认为是影响生产力发展和社会进步的重要原动力。破坏性创新的概念最初于 1912 年由荷兰经济学家熊彼特提出，创新就是从内部不断革新经济结构，不断破坏旧的、创造新的结构。美国的 Clayton M. Christensen 于 1997 年在著作《The innovator’s dilemma》中明确提出“破坏性创新”概念，这一理论被认为是“最有影响力的现代经营理念”。他认为破坏性创新所带来的技术、市场、客户等与原来的主流相比有巨大的不同。其后，又有一些学者对破坏性创新的概念进行了辨析和论证（见表 2-1）。

表 2-1 国内外部分对破坏性创新概念进行研究的学者及其成果

学 者	成果（年份）	观 点
Clayton M. Christensen	The innovator's dilemma（1997）	构建破坏性创新理论基本框架并提出破坏性创新管理的原则
Pete Thomond，等	Disruptive innovation：Removing the innovators' dilemma（2003）	基于机会识别、机会开发、开发方案和开发四要素的破坏性创新商业模式开发过程
Rafi F，Kampas P J	How to identify your enemies before they destroy you（2002）	破坏性创新是一种技术、产品或过程，在现有的业务中诞生，并可能取代之
Constantinos D. Charitou，Constantinos C. Markides	Responses to disruptive strategic innovation（2003）	破坏性创新是与行业领导者不同的业务模式
吴贵生，等	"破坏性创新"与组织响应（1997）	破坏性创新是竞争力破坏创新
陈劲，等	突破性创新及其识别（2002）	突破性创新的重要性及其特点
赵明剑，等	通过突破性技术创新实现我国企业技术跨越（2003）	抓住突破性技术创新的机遇，实现不断的"跳跃式"发展

表 2-1 中，清华大学的陈劲和复旦大学的赵明剑所提的"突破性创新"的概念并不相同，陈劲的突破性创新与 Clayton M. Christensen 的破坏性创新的概念较为一致，倾向于低端市场创新。而赵明剑等人所提的突破性创新更倾向于高端技术创新。

破坏性创新不同于突破性创新，破坏性创新强调的是从低端用户或者利基市场，这个市场是主流企业不屑占据的市场，因为其用户特征多较为关注产品价格、对其性能要求较低的客户，利润水平普遍低于平均水平。而突破性创新的用户是对价格不敏感的高端客户，其更注重产品性能和品质。

Christensen 认为破坏性（disruptive）创新对应于维持性（sustaining）创新概念，而突破性（radical）创新则与渐进性（incremental）创新概念相对。

在诸多对破坏性创新概念的定义中，Pete Thomond 等人的观点比较具有代表性，认为破坏性创新是开发出的产品、服务，或者拥有的技术、商业模式对传统需求、供给和竞争规则的显著性改变。其强调的是起源于低端市场的并不显眼的破坏性创新，对传统优势企业的破坏性绝不仅仅是体现在失去市场份额这么简单。

2.1.2 破坏性创新研究进展及发展趋势

除了概念研究外，部分学者在破坏性创新的应用、作用以及影响等方面做了很多研究。

首先是在应用方面，各个行业、各类企业的应用研究都较多。Tomofumi

Takamatsu 等通过对一个实型铸造产业破坏性创新成功案例的分析，认为破坏性创新的起点不在主流市场，而在较小的利基市场。甄伟丽、朱欣民对中国家电业的破坏性创新进行了研究，分析了破坏性创新对中国家电业的作用，认为家电行业应该走破坏性创新之路，实现技术跨越，单纯从破坏性创新的概念而言，甄伟丽的这篇文章所阐述的“破坏性创新”更倾向于“突破性创新”的概念，是希望企业通过技术突破，提高产品性能的基础上实现竞争力提升。周江华、仝允桓、李纪珍对我国山寨手机业对手机行业带来的破坏性创新进行了研究，从技术和商业模式两个角度研究了面向金字塔底层市场的破坏性创新的特征、机制，建立了从技术和商业模式相匹配的视角研究破坏性创新的理论框架。王俊娜、李纪珍等对广东省 LED 照明行业的颠覆性创新的价值系统进行了分析，从价值系统的角度对颠覆性创新理论框架做了拓展，认为技术是颠覆性创新的价值源泉，产业生态系统是颠覆性创新价值创造的载体，商业模式是颠覆性创新价值传递的手段，市场轨道是颠覆性创新价值实现的终端。谢福泉等对上海制造业破坏性创新的特征与创新模式选择进行了研究，他认为产业层面的破坏性创新，要密切关注内需条件、生产要素、生产性服务业以及企业结构、战略和同业竞争四个要素。

随着研究的深入，近几年的研究多集中于破坏性创新的作用及影响方面。Jay Paap 等认为企业在做好预期和准备的情况下，破坏性创新并不会为企业带来颠覆性影响；Andrew A. King 等对破坏性创新理论的有用性进行了研究，他认为破坏性创新理论可以被企业管理者作为一个评估困难问题的角度，颠覆性创新理论为管理者短视提供了一个普遍有用的警告，管理者往往忽视或者误解新兴威胁的重要性；Jeremy K. West 对破坏性创新给公共政策带来的挑战进行了分析和讨论并给出建议，破坏性技术和商业模式对现有市场产生了深远的影响，这些影响使得现有主流企业向公共政策施压，以此获得一定的竞争优势，但管理部门究竟该如何介入、介入的程度等，都需要探讨；李平、臧树伟以破坏性创新理论为基础，研究和探讨后发企业竞争优势构建的相关问题，研究发现，相较于模仿创新和自主创新，破坏性创新更适合不具有技术优势的后发企业；石俊国、郁培丽等通过对破坏性创新的分析，揭示技术体制在产业演化中的重要作用，研究发现，随着技术机会不断增加、专有性不断下降，破坏性创新企业对在位企业的颠覆速度更快、颠覆程度更高，企业平均年龄不断下降，在位企业存活数目及市场份额不断下降。

虽然学者们从不同角度对破坏性创新进行研究，但基本都认为破坏性创新对企业、社会发展具有极大的影响。传统企业对破坏性创新的重视与否，将决定企业在未来发展中能否应付可能存在的巨大冲击。

从上述对破坏性创新相关文献的梳理，学者们对破坏性创新研究可以总结出两个特点：第一，从概念到应用再到作用和影响分析，基本都是以定性分析或案例分析为主，定量分析较少；第二，目前的各种研究多是基于微观层面的企业技术、市场、模式等的创新进行研究，对中观层面的产业链影响研究较少，仅有极少数学者的研究涉及到了商业模式的研究，但仍然囿于企业层面，未对商业模式的上下游企业的影响做出研究，即同行业横向影响研究多，产业链纵向影响研究少。

2.2 产业价值链重构的研究特征

Michael E. Porter（1985）首次提出价值链理论，于1997年又提出“价值系统”的概念，至此，产业价值链的研究雏形开始出现。Kaplinsky 等于2001年将价值链划分为简单价值链和延伸价值链。潘成云给出了产业价值链的概念，他认为狭义的产业价值链是指直接提供满足消费者某种需要的效用系统的企业集合。影响产业价值链的因素主要有两类：一类是相对比较稳定和必然因素，如消费需求、产业生命周期规律等；另一类是相对来说因为不同产业价值链而有较大差异的因素，如产业技术更新的快慢、政府产业政策导向等。郎咸平（2006）提出了“6 + 1”产业价值链理论，该理论在国内受到学术界和企业界的普遍重视。

关于价值链概念的研究，逐渐从微观层面的企业价值链向中观层面的产业价值链演进，产业价值链被认为是把价值链的分析方法应用到产业层次上。随着研究的深入，开始向产业价值链的作用和价值链升级方向转变，价值链重构也成为了一个重要的研究方向。

S. Bodily 等分析了在 Internet 和数字化环境下，企业的战略应放在产业价值链中进行分析，他认为公司竞争能力之一就是获取增值能力的能力，这种能力是可以从供应商、分销商和消费者等客户身上获取资源的能力；李平等分析产业价值链重构使产业价值在模块间相互转移与重新分配，带动产业升级；韩红丽等从中观层面分析横向价值链和纵向价值链重构的不同原因及相关效应，最终实现产业升级；张少军等、王岚、刘仕国等从国际产业价值链与我国产业价值链关系角度对我国产业价值链重构和升级的作用进行了论述；A. Giziew 对蔬菜产业价值链进行了分析；Niels Fold 对全球价值链与区域发展相结合进行研究；A. F. M. El-Sayed 对埃及水产饲料部门的产业价值链进行了分析；Tobias Ylömäki 对全球价值链的升级进行了研究，发现企业都不计划通过特殊通道进行升级改造。

综上所述，价值链的研究方向从微观层面的企业内部价值链向中观层面的产业价值链延伸，在对产业价值链的研究当中，产业价值链重构和升级是研究的重要方向。重构本身就是创新，产业价值链重构和升级可以看作是中观层面的创新，其中既包含渐进式创新，又包含破坏性创新。

2.3 互联网创新特征与机理

学界对互联网创新能力的认识也存在一个渐进的过程，初期在这方面的研究成果，多是从负面评价互联网创新能力的影响。V. G. Cerf 于2007年从信息泄露的角度研究互联网的破坏性，他认为，使用互联网会使用户隐私和身份被窃，此外，互联网上也可能存在安全漏洞，当电脑与互联网连接时，电脑可能会被黑客攻击。

之后多集中于互联网创新对特定行业的积极影响，Stephen K. Callaway 等、S. Ozdemir 等、K. Nor 等分别从技术、服务和营销战略等角度研究银行业互联网创新应用的作用，他们对互联网创新的作用更多地体现了“突破性创新”的理念，是把互联网应用于行业，提高行业产品性能和服务能力，主要是从迎合主流市场客户所追求的“性能更好”的角度进行研究。

近年来中国学者对互联网创新研究较多，程立茹认为互联网经济下，企业网络创新能力比单个企业创新能力更加重要，体现了集群创新机理。罗文为研究中国互联网产业创新的基本特征和发展规律，建立了互联网产业创新系统的五要素结构模型，该模型由创新动力、创新主体、创新内容、创新机制和创新环境构成。在此基础上，从四个角度剖析互联网产业创新系统的基本特征，揭示了互联网产业创新系统运行机理。最后，通过对百度公司进行实证分析，发现创新资源的配置机制是互联网产业创新系统运行的动力，创新活动组织机制是互联网产业创新系统正常运行的重要保障，行为主体协同机制和创新成果扩散机制是互联网产业创新系统有效运行的重要支撑。中国工程院院士邬重庆提出“互联网+”是一场“破坏性”创新，必须把“互联网+”提高到产业革命的高度，借助其破坏性创新，才能打破中国封闭的产业格局。“互联网+”的过程必然伴随着一些行业的消失、衰落，职工的失业和新就业机会的产生。

互联网创新对传统的市场、技术、产品等层面的影响，多具备较强的破坏性。随着近年来“互联网+”概念在我国的应用与普及，互联网对社会的影响从生活层面向更深层次的产业发展层面转变，因此这种破坏性也在产业发展领域逐步显现。

2.4 研究趋势展望

2.4.1 研究趋势明显

在研究方向上，破坏性创新、价值链重构和互联网创新，都有从微观的企业层面向中观的产业层面演进的趋势。

2.4.2 研究尚有不足

首先，破坏性创新研究更多集中于微观企业层面，对中观产业层面的研究较少，但已经成为研究趋势；其次，产业价值链重构研究，更多集中于对现有价值链的渐进型改变，而随着互联网对传统产业的深入渗透，产业价值链已出现破坏性重构的趋势，因此需要对产业价值链在互联网环境下的破坏性重构进行深入研究；最后，互联网的破坏性创新机理研究成果相对较少，但趋势性明显。

2.4.3 研究展望

通过前面的研究，可以总结出以下几个可能的研究方向：

第一，产业价值链破坏性重构研究。产业价值链一般被认为是一种“价值的组织形式”，即产业链各环节的价值分布结构。产业价值链重构则是对产业链各环节价值分布结构的改变或创新。而破坏性创新往往是强调“使组织显著改变竞争规则”，即对组织各个方面的创新，包括对原有组织结构的破坏和重构。因此破坏性创新在产业价值链重构上的体现即可以被称作产业价值链的“破坏性重构”。这种重构对价值链各环节上的具体企业都有较大影响，对它的研究，能使企业在制订发展战略时，充分考虑这种破坏性重构的来源和影响，以便制订更具竞争力的企业战略。

第二，“互联网+”的破坏性创新机理研究。互联网自身具备极强的破坏属性，因此，互联网对传统行业的市场、技术、产品等带来了较大冲击，这种冲击所带来的变化，与破坏性创新极其相似，因此由“互联网+”引起的这种破坏性创新，其中互联网的作用机理及实现路径研究就可能成为互联网时代的研究热点。

第三，“互联网+”对产业价值链破坏性重构的作用机理研究。随着“互联网+”的普及，互联网开始深入影响传统产业的发展，互联网也必然不断渗透并影响产业链价值分布。因此互联网、破坏性创新、产业价值链重构的综合研究就具备必然性和可行性。在综合研究的初期，作用机理研究将成为研究的趋势。传统产业价值链条的每个环节企业对“互联网+”的理解有较大差异，也导致了价值在各环节分布的变化较大，甚至出现破坏性的改变。这种改变当中，“互联网”在其中的作用方式如何，是值得价值链上的企业去深入思考的，以便在后续发展中取得竞争优势。

这几个研究方向，具备产业发展深度的同时，能给企业战略决策提供支持，能够为互联网时代的产业发展和企业战略提供决策参考。

3 京津冀传统产业共生网络及其价值关系分析

2015 年，中央财经领导小组通过《京津冀协同发展规划》，京津冀协同发展主要是解除北京非首都功能和京津冀产业升级转型，促进三地协同发展等。产业关联能够动态地显示产业之间的投入和产出关系，这种产业关联的动态显示方法主要是利用投入产出表上的数据来分析各个产业间的各种投入产出变动造成的依存关系，该关系可以作为一个区域或地区间调整产业结构，促进产业结构升级和转化的重要战略和政策的依据。可以运用产业关联和复杂网络相结合的方法构建北京、天津和河北三地的复杂网络模型，来比较分析三地的产业结构和产业发展问题。京津冀三地经济发展方面存在一定的差异：第一，京津冀三地经济发展不统一，河北相对于北京和天津来说发展比较落后，不能做统一的协调。第二，京津冀三地产业众多，无法简单的利用 GDP 或是投入产出方法来分析发展现状，这样会数据庞大，而且不能清晰地分析出产业之间的联系。第三，难以分辨出三地不同产业部门之间的内在联系。有一部分社团之间存在一定的内在联系，我们很难通过投入产出表上的数据分析出它们的社团结构。利用复杂网络和产业关联来分析京津冀三地的模型，不仅可以清楚地看到产业部门之间的联系和社团结构，还可以利用产业网络模型来对比三个网络模型的特征和内在产业结构。

运用最近一次调查的 2012 年北京、天津和河北的 42 个部门投入产出延长表为数据，计算直接消耗系数，以 42 个部门为节点、部门间的消耗系数为关系，并且选择一定的值域，来构建三个产业关联复杂网络模型，通过接近中心性、*K*-核分解和社团来对比分析三地的产业结构，得出结论，并针对结论提出一些建议。

3.1 研究现状

复杂网络是一种可以通过节点和节点之间的关系构建的能够清晰刻画节点间重点关系的网络模型。在 Watts 等人研究时发现了小世界网络模型（由完全规则网络到完全随机网络），随后在 Barabasi 和 Albert 等人研究发现了无标度网络模型以后，越来越多的学者们开始研究发现各种各样的复杂网络模型。复杂网络法开始主要是在统计物理学和计算机等领域研究的分析方法。经过长时间的发展、演变，复杂网络发展得越来越丰富多样化，并使用在很多领域。在 Leontief 研究发现投入产出表是研究产业关联的最经典的方法后，随着复杂网络的发展，Campbell 运用 1962 年美国华盛顿的投入产出表数据构建了复杂网络模型，并且还做了社团分析。Ghosh 利用印度 1983 年和 1989 年的数据构建产业关联模型，并进行产业结构比较分析。Schnabl 选择一定的阈值，利用强连接规则选择出比较明确的关系路径，来分析复杂网络模型。随着复杂网络方法的丰富化，国内学者也开始进行研究。我国的学者利用复杂网络和投入产出数据相结合，来分析区域间的产业联系的特征。方爱丽等从复杂网络视角，利用投入产出数据分析各个部门在我国国民经济中的地位。李茂利用北京投入数据分析北京市的网络拓扑特征来研究北京的产业结构。邱斌等人利用我国 2001 ~ 2009 年 24 个制造行业，来衡量我国制造业在全球生产网络的地位。近几年对于区域的研究较多。关峻等对京津冀三地的制造业的竞争态势做对比分析，分析京津冀三地的网络模型。李茂对我国四大直辖市的投入产出数据做比较研究，得出四大直辖市发展的政策和建议。关峻等利用投入产出数据对全球汽车产业做了在全球经济系统中的作用和地位的分析。周勇等利用复杂网络和投入产出数据分析我国东部六省的产业核心和边缘化结构差异。殷瑞瑞等利用复杂网络的簇状结构对产业集群研究，发现构建簇状结构可以识别关键产业集群。王浩宇等对京津冀三地区的关联强度和结构方面研究网络模型，对各地的情况进行比较分析。韩建飞等利用复杂网络构建了以工业为例的复杂产业网络脆弱性分析框架研究。李茂运用复杂网络对北京的产业结构的变化模型进行比较，分析北京产业结构变化。基于以上文献整理和分析，可以发现投入产出法研究对于我国的区域协同发展有了理论研究支持。

3.2 数据来源及模型构建

3.2.1 数据来源及其说明

我国投入产出表只有逢 2 和 7 年份是调查得到的，由于中间间隔时间太长，所以在逢 5 逢 0 年份会根据 2 和 7 年份的数据推算得到 5 和 0 年份的投入产出表。为了保证数据的权威性和真实性，虽然有了 2015 年三地的投入产出表，本书还是选择了 2012 年北京、天津和河北的 42 个部门投入产出延长表。投入产出表数据来源：北京数据为北京网上统计调查局（http://www.bjstats.gov.cn/2012trcc/）；天津数据为天津统计局（http://tjstatsj.tj.gov.cn/）；河北数据为河北省统计局（http://tjj.hebei.gov.cn/）。

根据价值型投入产出表作为模型数据。价值型投入产出表的数据模型见表 3-1。

表 3-1 价值型投入产出表模型

投 入	产 出		
	中间产品	最终产品	总产品
物质消耗	(X_{ij})	Y	X
新创造价值	N		
总投入	X		

价值型投入产出表上的 X_{ij} 部位是由 42 个部门的中间产品和物质消耗构成 42×42 的物质消耗矩阵，该矩阵描述了 42 个部门之间投入产出的产业关联关系。并且由此矩阵得出直接消耗系数，并通过转换后建立复杂网络的邻接矩阵，该矩阵反映了各个产业之间的联系与特征。

采用投入产出表作为基本的数据，一是因为投入产出表比较好获得，是统计局编算好的；二是因为投入产出数据的中间投入部分是一个 n 行 n 列的矩阵，是各个部门之间的投入产出，容易转化成复杂网络的矩阵，可以明确地反映各个部门之间的关系。所以更加容易构造一个以各个部门为节点（Nodes），以中间投入物质消耗为弧（有方向的边 Arcs）的产业关联复杂网络模型，以该模型来分析各个产业部门之间的联系。

3.2.2 模型构建与数据

构建一个有向的复杂网络模型，需要有节点（Nodes）、弧（Arcs）和节点之间的权重值（即连接规则）。

3.2.2.1 构造节点

基本数据选择北京、天津和河北的 2012 年 42 个部门投入产出延长表，所以就以投入产出延长表中的中间投入物质消耗的 42 个部门作为复杂网络模型的节点。为了产业网络更加清晰地显示，本文将按照序号顺序对 42 个部门进行排列。具体部门名称代码入见表 3-2。

表 3-2 部门代码表

部 门	代码	部 门	代码	部 门	代码
农林牧渔产品和服务	1	纺织服装、鞋、帽、皮革、羽绒及其制品	8	非金属矿物制品	13
煤炭采选产品	2			金属冶炼和压延加工品	14
石油和天然气开采产品	3	木材加工品和家具	9	金属制品	15
金属矿采选产品	4	造纸印刷和文教体育用品	10	通用设备	16
非金属矿和其他矿采选产品	5	石油加工、炼焦及核燃料加工品	11	专用设备	17
食品和烟草	6			交通运输设备	18
纺织品	7	化学产品	12	电气机械和器材	19

续表 3-2

部　门	代码	部　门	代码	部　门	代码
通信设备、计算机和其他电子设备	20	水的生产和供应	27	租赁和商务服务	35
		建筑	28	科学研究和技术服务	36
仪器仪表	21	批发和零售	29	水利、环境和公共设施管理	37
其他制造产品	22	交通运输、仓储和邮政	30	居民服务、修理和其他服务	38
废品废料	23	住宿和餐饮	31	教育	39
金属制品、机械和设备修理服务	24	信息传输、软件和信息技术服务	32	卫生和社会工作	40
				文化、体育和娱乐	41
电力、热力的生产和供应	25	金融	33	公共管理、社会保障和社会组织	42
燃气生产和供应	26	房地产	34		

3.2.2.2　构造弧规则

为了更加清晰地刻画各个部门之间的联系，将采用各个节点有向的权变联系。各个部门之间以部门之间的中间投入和中间产出刻画出来，通过比较两个部门之间的中间产品和物质消耗（中间投入）的大小就可以得到两个部门的技术联系，以此来联系为权重来构建弧的规则。

3.2.2.3　阈值选择

由投入产出表计算出的直接限号系数是一个 42 ×42 的矩阵，基本上每个部门之间都有联系，那将会有 1764 条连线，若是这样构建出来的模型弧非常多，产业之间的节点都会被重合、掩盖，在冗余繁杂的连接中，产业之间的重点连接将会无法显示出来。这样我们构建的网络将没有分析的意义。所以，我们需要对直接消耗系数矩阵进行一定的处理，把所有的节点刻画在折线图上，选择有明显下降上升的点来选择值域，这样就可以剔除掉不显著关系，保留重点关系，这样网络模型既清晰，又可以看到节点间的内在联系，具有现实意义。

3.3　运算结果

在复杂网络的运算中有很多指标选择，为能够更加直接简单、方便的分析出产业关联网络图，本节选择接近中心性、*K*-核分解和社团三个指标。

3.3.1　接近中心性

直接选择接近中心性（Closeness Centrality）而没有选择度、中介中心性等指标。因为度是与该节点相连边的数量，是一个局部的指标，只反映该节点的特征而没有考虑到其他节点。而中介中心性虽然是一个整体的指标，它是指经过某个节点的最短路径，虽然能反映整体的状况，但是由于某个节点可能受其他节点的影响而起到影响控制其他节点的作用，所以也存在一定的局限性，结合以上信息，所以本书选择既能反映整体，又没有受到其他节点控制的指标接近中心性(Closeness Centrality)。

接近中心性（Closeness Centrality）定义为网络中所有节点间距离的平均值的倒数，即

$$CC_i = \frac{N}{\sum_{j=1}^{n} d_{ij}}$$

通过定义可知，接近中心性在现实中的意义接近数最大的节点对于信息的流动具有最佳的视野，即对于该部门与其他部门的变动联系也是最紧密的。经过软件计算北京、天津和河北的接近中心性（Closeness Centrality）见表3-3～表3-5。

从表3-3发现北京接近中心性最大的入度节点为29，接近中心性最大的出度节点为32。接近中心性最小的入度节点为15、27。接近中心性最小的出度节点为7、9、11、12、25、28、29、37、38、39、40、41。从表3-4发现河北接近中心性最大的入度节点为33和34，这两个节点有相同的接近中心性，出度最大的节点为28。接近中心性最小的入度节点为1、41。最小的出度接近中心性节点为4、9、12、15、25、36、39、41、42。从表3-5发现天津接近中心性最大的入度节点为42，出度最大的节点为22。接近中心性最小的入度节点为32，接近中心性最小的出度节点为6、7、10、13、17、20、25、28、41、42。

表3-3 北京模型节点接近数

节点	入度接近度	出度接近度	节点	入度接近度	出度接近度
1	0.112554	0.164835165	15	0	0.454042082
2	0.161491	0.112781955	16	0.202381	0.05952381
3	0.263158	0.047619048	17	0.047619	0.383540373
4	0.135417	0.047619048	18	0.071429	0.202380952
5	0.166667	0.047619048	19	0.148571	0.19047619
6	0.202381	0.047619048	20	0.185185	0.095238095
7	0.084942	0	21	0.160494	0.079365079
8	0.100733	0.257839721	22	0.160494	0.137844612
9	0.103175	0	23	0.093537	0.304945055
10	0.204082	0.054945055	24	0.166667	0.047619048
11	0.138889	0	25	0.047619	0
12	0.136646	0	26	0.166667	0.047619048
13	0.113872	0.330357143	27	0	0.071428571
14	0.079365	0.337386018	28	0.084942	0

续表 3-3

节　点	入度接近度	出度接近度	节　点	入度接近度	出度接近度
29	0. 274725	0	36	0. 137845	0. 466386555
30	0. 208163	0. 071428571	37	0. 204082	0
31	0. 124717	0. 453061224	38	0. 161905	0
32	0. 100733	0. 487912088	39	0. 084942	0
33	0. 113872	0. 31092437	40	0. 178571	0
34	0. 109127	0. 466386555	41	0. 136646	0. 047619048
35	0. 116402	0. 071428571	42	0. 27381	0

表 3-4　河北模型节点接近数

节　点	入度接近度	出度接近度	节　点	入度接近度	出度接近度
1	0. 224489796	0. 465909091	22	0. 306620209	0. 706896552
2	0. 244105409	0. 356521739	23	0. 30292599	0. 353448276
3	0. 322344322	0. 269736842	24	0. 306620209	0. 215789474
4	0. 281203008	0	25	0. 264497878	0
5	0. 253968254	0. 405940594	26	0. 253968254	0. 386792453
6	0. 349206349	0. 445652174	27	0. 326530612	0. 347457627
7	0. 292358804	0. 602941176	28	0. 326530612	0. 719298246
8	0. 322344322	0. 328	29	0. 256559767	0. 546666667
9	0. 325783972	0	30	0. 30292599	0. 344537815
10	0. 310405644	0. 471264368	31	0. 261904762	0. 440860215
11	0. 314285714	0. 450549451	32	0. 288998358	0. 455555556
12	0. 338155515	0	33	0. 364389234	0. 280821918
13	0. 344422701	0. 262820513	34	0. 364389234	0. 471264368
14	0. 322344322	0. 35042735	35	0. 288998358	0. 17826087
15	0. 314285714	0	36	0. 342490842	0
16	0. 246498599	0. 460674157	37	0. 292358804	0. 212435233
17	0. 318264014	0. 37962963	38	0. 310405644	0. 37962963
18	0. 279365079	0. 518987342	39	0. 293563579	0
19	0. 299319728	0. 347457627	40	0. 256559767	0. 328
20	0. 330827068	0. 594202899	41	0. 224489796	0
21	0. 282504013	0. 532467532	42	0. 26984127	0

表 3-5 天津模型节点接近数

节 点	入度接近度	出度接近度	节 点	入度接近度	出度接近度
1	0.249466951	0.317460317	22	0.225868726	0.750915751
2	0.257142857	0.076923077	23	0.265306122	0.527670528
3	0.206349206	0.302694721	24	0.334285714	0.549966465
4	0.245798319	0.379103098	25	0.230769231	0
5	0.274004684	0.289241623	26	0.303896104	0.26031746
6	0.375302663	0	27	0.283292978	0.333740334
7	0.268656716	0	28	0.3	0
8	0.322222222	0.102040816	29	0.321428571	0.212215321
9	0.235412475	0.591630592	30	0.245798319	0.415400203
10	0.264705882	0	31	0.261160714	0.454042082
11	0.298469388	0.39047619	32	0	0.38317757
12	0.309168443	0.095238095	33	0.232142857	0.582800284
13	0.305084746	0	34	0.261160714	0.482069371
14	0.225868726	0.382819795	35	0.274004684	0.419866871
15	0.327683616	0.047619048	36	0.261160714	0.494273659
16	0.333333333	0.047619048	37	0.219924812	0.39047619
17	0.304621849	0	38	0.235412475	0.371882086
18	0.269585253	0.513784461	39	0.257142857	0.382819795
19	0.23877551	0.520634921	40	0.269585253	0.438737293
20	0.357142857	0	41	0.243243243	0
21	0.228962818	0.459383754	42	0.392857143	0

3.3.2 *K*-核分解

核的定义为一个网络中所有度值小于 K 的节点组成的联通片。在实际操作中 K-核的定义为一个网络中所有度值不小于 K 的节点的联通片。在实际操作中，首先对于复杂网络中度值小于 K 的节点及其连边进行去除。如果剩余的节点中仍然有度值小于 K 的节点，那么就继续去除这些节点，直至网络中剩下的节点度数都不小于 K。依次取 $K=1$，2，3，…，对于网络重复这种去除操作，就得到了该网络的 K-核分解（K-core Decopmposition）。

K-核分解将产业关联网络模型分为三部分，核心产业：最中间的部门为核心部分，代表着最中心的位置，也就是说该位置的产业是该区域的核心，在国民经济中占有一定的位置。

中核产业：中核产业也就是中心的部位，这一部分的产业起到连通的作用，承上启下，是很好地调节核心产业核边缘的作用。该位置的产业经济地位虽不及核心产业，但是在国民经济中也起到一定的作用。

外核产业：外核产业就是在大圆的最外围的产业，这些产业在经济发展中占有较低的位置，并且处于产业的边缘化，与其他点的联系比较少，这些点都比较孤立。

北京、天津和河北的 *K*-核分解图如图 3-1 ~ 图 3-3 所示。

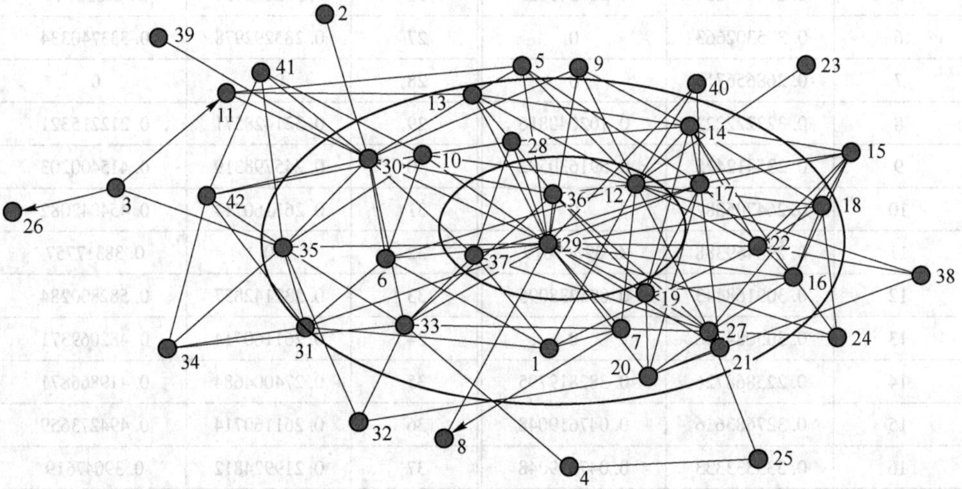

图 3-1　北京模型 *K*-核分解

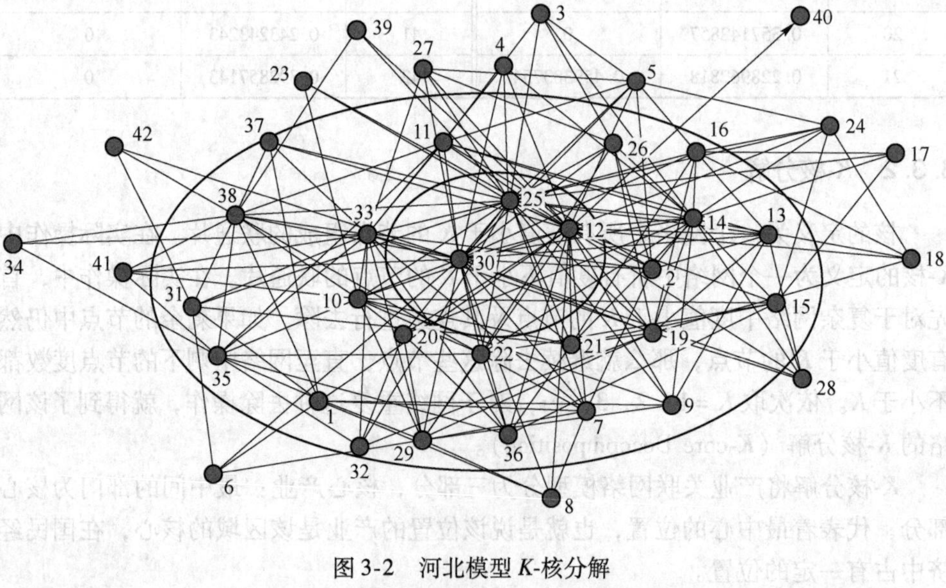

图 3-2　河北模型 *K*-核分解

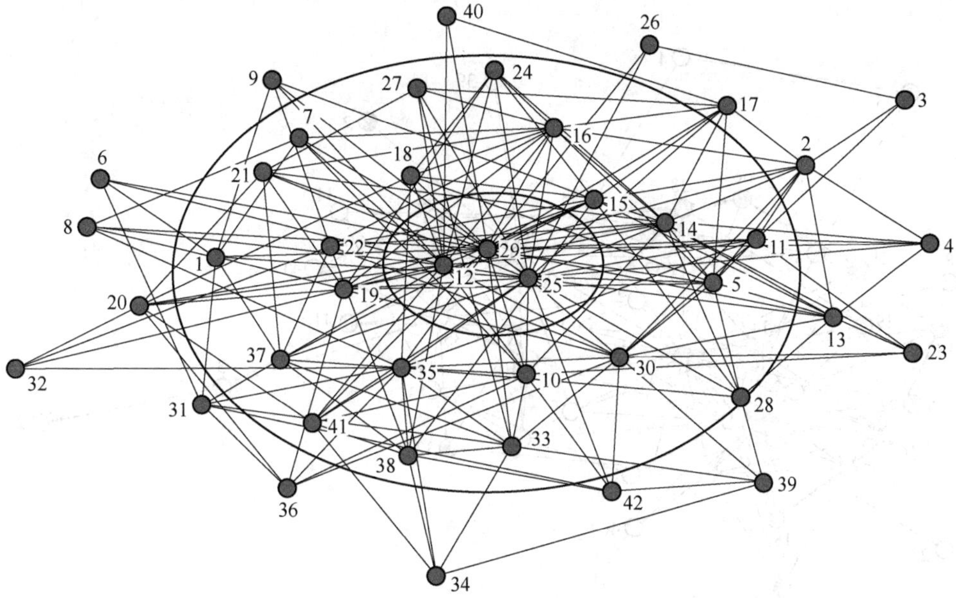

图 3-3 天津模型 *K*-核分解

3.3.3 社团分解

根据定义，复杂网络中的社团主要是指内部联系较为紧密的子单元，但子单元之间联系较为松散。复杂网络的社团识别方法有很多，主要有网络分割算法和层次聚类算法。Pajek 软件主要采用的是 HCA 方法。首先对原始网络进行计算，计算出各节点对之间的相似性，然后进行排序组合。再从相似性最高的节点对开始，向其中添加边，并考察它们的相似程度。这个过程可以用树状图来表示，通过树状图的“分岔”来识别网络中的社团结构。将北京、河北和天津的社团主要划分为三大类，如图 3-4 ~ 图 3-6 所示。

3.4 结果分析

3.4.1 接近中心性对比

通过表 3-6 可知，北京的接近中心性最大的入度节点为 29（批发和零售），最大的出度节点为 32（信息传输、软件和信息技术服务），河北的接近中心性最大的入度节点为 33、34（金融和房地产），最大的出度节点为 28（建筑），天津最大的接近中心性入度节点为 42（公共管理、社会保障和社会组织），最大的接近中心性出度节点为 22（其他制造产品）。这几个产业在各自的产业网络中具有预测的能力，当这些产业发生变动时其他产业也会直接或间接地发生相关联的变

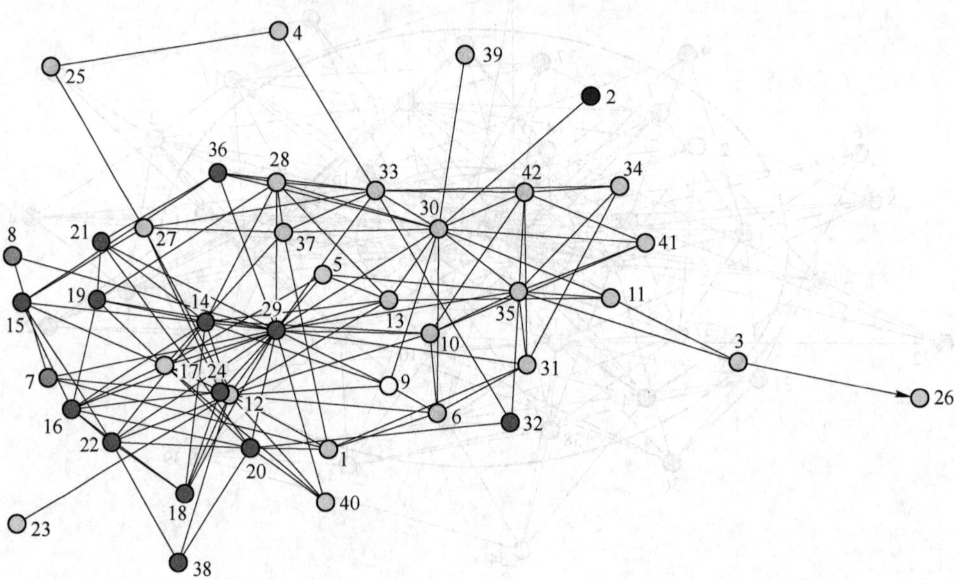

图 3-4　北京模型社团分解

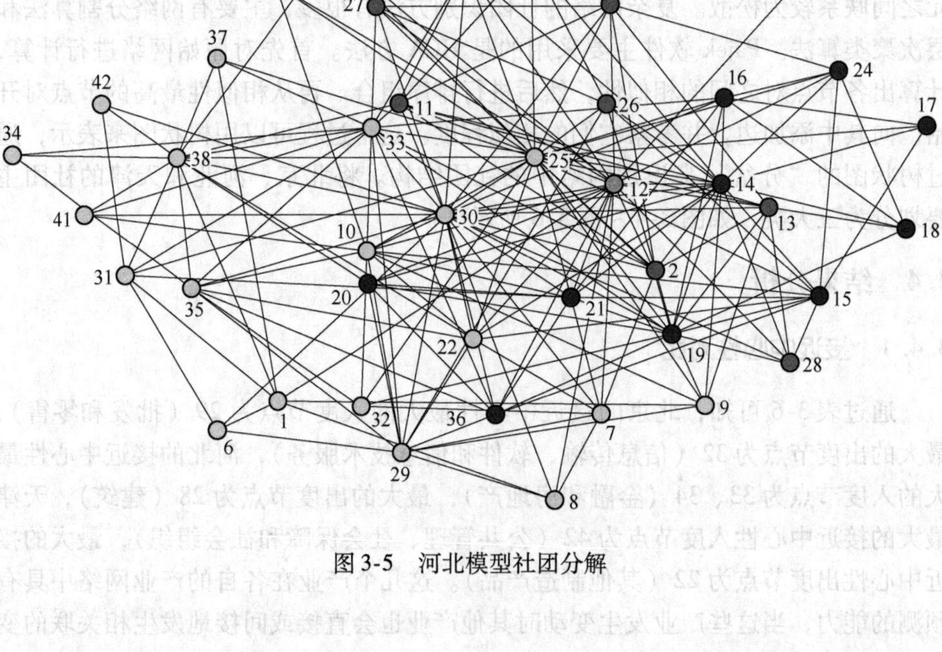

图 3-5　河北模型社团分解

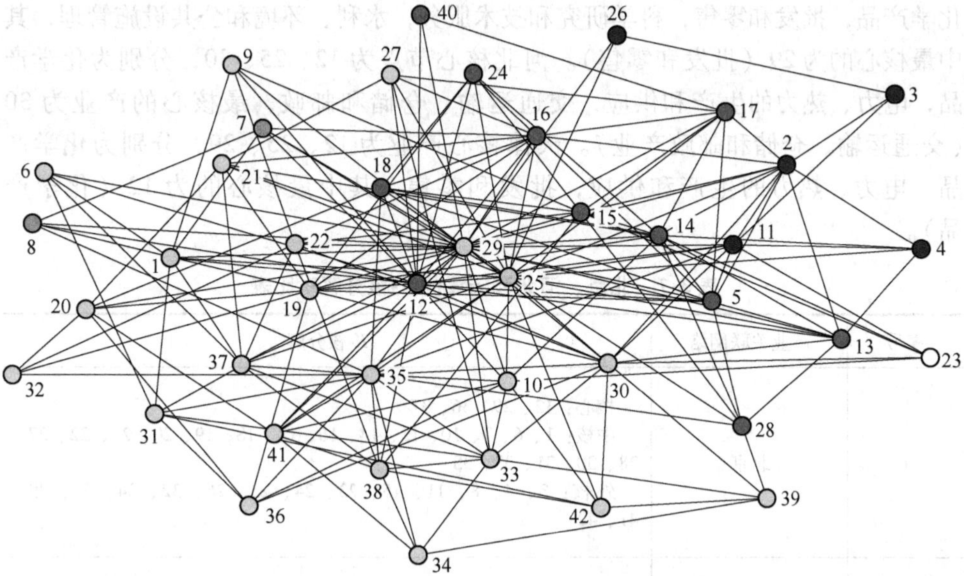

图 3-6 天津模型社团分解

动。他们与其他产业相比更有预知性、带动性等特点，较其他产业而言其要素价格信号传导作用较强。这些产业在各自的产业网络关系中具有“牵一发而动全身”的作用。

出现这么多的出度最小节点，不是因为这么多节点都没有与其他节点相联系，而是因为我们前面在选择模型的连接规则时，为了能更加突出连接的关键节点，所以选择了一定的值域，忽略了相对较小的数值的联系规则。所以这些节点的出度相对来说是比较小的，由于没有具体的连接规则，就不再做详细的说明。

表 3-6 北京、河北和天津的接近中心性对比

产业关联网络	入度接近性最大节点	出度接近性最大节点	入度接近性最小节点	出度接近性最小节点
北京	29	32	15、27	7、9、11、12、25、28、29、37、38、39、40、41
河北	33、34	28	1、41	4、9、12、15、25、36、39、41、42
天津	42	22	32	6、7、10、13、17、20、25、28、41、42

3.4.2 *K*-核分解

由表 3-7 可知，北京的核心节点分别为 12、29、36、37，分别对应的产业为化学产品，批发和零售，科学研究和技术服务，水利、环境和公共设施管理，其中最核心的为29（批发和零售）。河北核心节点为12、25、30，分别为化学产品，电力、热力的生产和供应，交通运输、仓储和邮政，最核心的产业为30（交通运输、仓储和邮政产业）。天津核心产业为12、25、29，分别为化学产品，电力、热力的生产和供应，批发和零售，其中最核心的为12（化学产品）。

表 3-7　北京、河北和天津的 *K*-核分解对比表

序号	产业关联网络	*K*-核分解
1	北京	核心：12、29、36、37 中核：1、6、7、10、13、14、16、17、18、19、20、21、22、27、28、30、31、33、35 外核：3、4、8、11、15、23、24、25、26、32、34、38、39、41、42
2	河北	核心：12、25、30 中核：1、2、3、7、9、10、11、13、14、15、16、19、20、21、22、26、29、31、32、35、36、37、39 外核：3、4、5、6、8、17、18、23、24、27、28、34、39、40、41、42
3	天津	核心：12、25、29 中核：1、5、7、10、11、14、15、16、18、19、21、22、24、27、28、30、33、35、37、38、41 外核：2、3、4、6、8、9、13、17、20、23、26、31、32、34、36、39、40、42

通过表3-7的结果发现：化学产品在三地都为核心节点，这也是三地中唯一一个为共同核心的产业。批发零售业在北京是最为核心的节点，同时在天津也是核心节点，在河北为中核。25为电力、热力的生产和供应，在河北和天津为核心产业，而在北京为外核产业，几乎处于边缘化。36在北京为核心产业，在河北和天津分别为中核和外核，该产业虽然位于河北的中核产业位置，但是也是处于中核的边缘上，说明在2012年的时候北京就开始注重发展面向现代的、创新的、绿色的科技发展服务业。37（水利、环境和公共设施管理）在北京为核心产业，在河北和天津为中核产业。30（交通运输、邮政和仓储）在河北为核心产业，在北京和天津为中核产业。三地的核心产业相对来说分布地还是比较集中的，没有很大的差异。只有电力、热力的生产和供应为河北和天津的核心产业，但是却处于北京的边缘化。电力和热力的生产需要大量的燃煤，不仅消耗能源，还有很大的污染环境的危害。电力和热力的生产和供应行业属于公共基础设施，

不仅起到改善人民生活，而且还具有促进农业和科学技术的进步的作用。可能北京的基础设施发展得相对来说较好，就把中心产业转移到了其他的产业上，而河北和天津相对于北京来说基础设施发展得还不是很好，所以在这个阶段要以基础设施行业为发展重点。

化学产品行业为三地唯一一个共同的核心产业，由于统计年鉴中按行业分类没有细分化到化学产品行业，所以根据投入产出分析法，利用三地投入产出表得到的国内生产总值与投入产出表的关系计算式“国内生产总值 = 总投入 - 中间投入”，来计算化学产品在三地的国内生产总值。计算得到京津冀三地化学产品 GDP 占全部 GDP 比重分别为 1.3484%、4.2383%、3.8902%，虽然化学产品所占比重不是最大的，但是占比也是靠前的，同时也验证了核心产业的地位。

3.4.3 社团结果

根据表 3-8 社团分类的结果，将社团主要分为三大类，其余的小类构不成社团，没有与其他产业产生紧密的联系。其中，三地共同的核心产业化学产品在三地构成的社团各有不同，在北京化学产品和其另外两个核心产业 29（批发和零售）及 36（科学研究和技术服务）构成一个社团；河北省的化学产品没有与其他两个核心产业构成社团，而是与该节点相邻的同属于制造业的部门构成了社团；天津的化学产品节点也没有与其另两个核心产业构成节点，说明北京的核心产业之间联系得比较紧密，能形成核心的产业社团，这样的社团发展比较快，国民经济地位比较高，产业之间联系紧密更能够促进、带动其他产业发展。三地的相同的核心节点都是与其临近的同属制造业中的 12 ~ 18 节点，如金属制品、非金属矿物制品、金属冶炼和压延加工品等构成社团，说明在三地的制造业之间有着紧密的联系，内部联系比较高，制造业之间相互促进、相互发展。

北京另一个核心产业节点 37（水利、环境和公共设施管理）并没有与其他三个核心节点构成社团Ⅰ，而是与北京最大的社团——主要为第三产业服务业的其他产业构成社团，有学者研究发现，城市的发展速度应是由第一产业向第三产业发展，第三产业发展越好，城市发展规模也就越大，北京是我国的首都，北京最大的产业社团主要是由第三产业构成，恰恰印证了这一观点。河北的另外两个核心产业 25（电力、热力的生产和供应）和 30（交通运输、仓储和邮政）构成河北最大的社团，该社团主要是由轻工业和第三产业构成，说明河北目前的轻工业和服务业联系紧密，服务业尤其是交通运输、邮政和仓储能够促进和加快河北纺织业、木材家具加工业的发展，该制造业发展越来越好，也能促进第三产业发展。该社团的节点产业在河北省国民经济中占有较高的地位。天津同河北有点相似，除了化学产品的核心节点外，其他两个产业也构成了社团Ⅰ，由表中可以看出社团Ⅰ也是天津最大的产业社团。该社团同北京社团Ⅰ也有点相似，主要是由第三产业构成的社团，天津是我国四大直辖市，一线大城市，也说明了城市重心主要向第三产业转移。

表 3-8　北京、河北和天津的社团聚类对比结果表

序号	产业关联网络	主要社团
1	北京	Ⅰ　1、4、6、10、13、25、27、28、30、31、33、34、35、37、39、41、42 Ⅱ　12、14、15、16、18、19、20、21、22、24、29、32、36、38 Ⅲ　3、5、11、17、23、26、40
2	河北	Ⅰ　1、6、7、8、9、10、22、25、29、30、31、32、33、34、35、37、38、39、41、42 Ⅱ　12、14、15、16、17、18、19、20、21、24、36 Ⅲ　2、3、5、11、13、26、27、28
3	天津	Ⅰ　1、6、9、10、19、20、21、22、25、29、30、31、32、34、35、36、37、38、39、41、42 Ⅱ　5、12、13、14、15、16、17、18、24、28、40 Ⅲ　2、4、11、26

3.5　结论对策建议及展望

3.5.1　结论

运用投入产出表和复杂网络的方法，对京津冀三地做产业联合协调发展和比较分析，更加清晰、有条理地分析出其内在联系和结构。本书运用投入产出法和复杂网络相结合，在北京、天津和河北三地 2012 年投入产出表的基础上，选择一定的值域，能够清晰关键节点之间的关系，构建三地的产业网络图，简单地计算了接近中心性，K-核分解和社团联系，进行三地产业之间的联系分析。

通过计算分析结果发现：发现共同节点 12（化学产品）在三地的国民经济中均占有比较重要的地位，对 GDP 贡献较大。化学产品可以衍生很多行业的发展，在三地的协同发展中化学产品是一个可以说是同等重要地位的产业，在以后的发展中共同促进化学产业的发展可以进一步促进京津冀协同发展。

3.5.2　对策及建议

通过以上的分析发现：第一，三地相同核心产业化学产品。在北京地区产业中化学产品与其他核心节点 36（科学研究和技术服务）和 37（水利、环境和公共设施管理）形成北京最大的社团。这三个产业有明显的促进作用。而处于在外核边缘位置的比如信息传输、软件和信息技术服务，居民服务、修理和其他服务，教育，公共管理、社会保障和社会组织等产业，要促进服务业的发展，北京是一个大都市，要有包容性。现在年轻人比较追求高品质的生活，提高这些产业，会增加北京这个城市人们的幸福感，一座有容纳性、融合性的城市会更受年轻人的喜爱，城市会发展越来越好。第二，三地的39节点（教育）同处于产业的外核。京津冀三地的教育产业都处于产业的边缘，在城市发展比较落后，与其他部门经济联系比较少。千秋大业，教育为先，教育的发展不仅具有长远拉动经济发展的前景，还可以通过推动科学技术的发展来推动城市的发展。坚持优先发展教育是现代世界绿色、创新、协调的基本战略。所以京津冀三地应该加大对教育的投入，优先发展教育。第三，根据*K*-核社团分析发现，河北的产业集群联系不紧密。河北的制造业（纺织品、木材加工、金属制造等产业）基本上都在中核位置，但是在社团分析的时候制造业一类没有明显的社团行为。应该提升改造制造业的发展，形成系统，统一一体化发展。第四，天津发展比较全面，但是没有比较明显的优势产业。应该加强系统化的制造业，比如通信设备、计算机和其他电子设备和仪器仪表等设备朝着高精尖方向发展。同时天津应该提高第三产业的服务性行业的发展，重心逐渐向第三产业转移，发展旅游、餐饮等行业带动经济发展。

3.5.3 展望

本部分研究存在些许不足，在结论分析时，有很多结果分析得不是太全面，三地的对比不是特别的详细，有些产业没有深入分析其社团之间的关系，在以后的研究中会进一步深化。其次，为了清晰地显示关键节点的联系和节点之间的内部连接规则，选择了一定的值域来处理数据，由于这样的值域选择会使一部分的数据消失，导致不能更加详细地去分析有关节点的连接规则。还有关于本文数据的及时性，为了更加真实地反映京津冀三地的情况，选择了2012年三地的投入产出数据，在以后的研究中会注意这一点，并且会进一步跟踪后续的数据，进行更加深入的研究分析。

4 天津制造业创新破坏性特征与创新模式选择

制造业是国家经济最重要的支柱，是国家生产力的重要表现。在工业化国家，大约四分之一的人口受雇于制造业，70%～80%的物质财富来自于制造业。制造业在我国同样占有非常重要的地位，2018 年，制造业增加值约为 264820 亿元，大约占同期中国 GDP 总量的 29.4%。从绝对规模来看，制造业仍然是中国的最大行业。在最近的几年里，随着中国经济与世界经济的不断融合，中国制造业在国际分工体系中越来越深入和广泛，其规模水平在不断扩大，国际竞争力也在持续不断地提高。然而，通过仔细观察我国整个制造业的发展情况，目前我们还只能称自己是一个制造业大国，距离成为制造业强国还有一定的差距。

在之前的一段时期中，维持性、模仿性创新一直被视为发展中国家科技发展最合适的基本战略，但是现代科技发展的一系列特征正在逐渐减弱发展中国家的后发竞争优势。近年来，在管理理论的领域中，破坏性创新一直是一个敏感的问题，并且在产业发展过程中发挥着日益关键的作用，其原因主要有以下三点：第一，科技更新的速度比以前更快，并一直加快，渐进式的二次创新常常导致发展中国家或者企业不能完成对前一次技术的吸收和消化，发达国家及其公司已经开发出第三代技术，而仿制的产品因为营销技术的快速增长，刚刚推出就被新一代产品所替代并面临淘汰。第二，过去有利于发展中国家技术模仿的专利制度，由于经济和技术一体化的发展正在面临挑战。第三，从事破坏性创新的企业也进行维持性的创新。因为创新所产生的知识可以分为明确的知识和隐含的知识，隐含的知识很难转让，只能通过非正式的内部网络获得，因此，单纯从事维持性创新的企业想要获取从事破坏性创新的企业在破坏性创新的过程中积累起来的隐性知识是非常困难的，这使得维持性创新企业的创新效率和绩效受到了非常严重的影响。

因此，关于破坏性创新对产业发展的作用的研究，利用破坏性创新理论指导我国制造业参与国际竞争，对于我国制造业在国际竞争中从比较优势转向可持续竞争优势的顺利实现具有重大的理论和实践意义。

天津制造业如何获取产业上的国际竞争优势？一种是可以通过可持续创新从市场领导者手中夺走现有市场；另一种是通过破坏性创新开拓新的市场，或者将注意力锁定在现有产品的低端客户群体中。本书借鉴克里斯坦森教授的破坏性创新理论，以天津24个制造业行业为研究对象，选取一系列相关的统计指标，分析自2010年以来不同行业破坏程度与创新程度的情况，研究不同行业的破坏性创新特点，行业创新特征的刻画主要采用两大指标：行业创新的破坏度和行业创新能力。其中，行业创新的破坏度主要从技术、市场需求两个方面设立相应的指标体系，为了衡量天津制造业行业创新的破坏性特征，运用层次分析法和主成分分析法对其进行测度。而行业创新能力的衡量主要从三个方面设立相应的指标体系：创新投入、创新产出以及创新效率。本书以行业创新的破坏度为横坐标，以行业创新能力为纵坐标，对天津24个制造业行业进行排序归类，得出天津不同制造业行业的创新特点，并研究与行业创新的不同特点相对应的创新模式，最后，提出了不同类型行业的创新战略模型，为天津制造业的进一步发展提供决策支持。

4.1 研究现状

4.1.1 企业开展破坏性创新的障碍

理论界有一种观点，即大公司应对破坏性创新比小公司应对破坏性创新更难。克里斯坦森指出，大公司的高管并非看不到破坏性的变化，一般来说他们能看到，他们也不缺乏应对这些变化的资源，许多大公司都有有才华的管理者和专家，有坚实的产品组合，有优秀的技术诀窍和丰富的财富，而管理人员缺乏的是像考虑个人能力那样来思考组织能力的习惯。

总结学者们的观点，企业实施破坏性创新的障碍主要集中在以下几个方面：

第一，市场营销障碍，包括市场细分、营销渠道。现有的细分市场都是根据产品和消费者的特征进行细分的，基于特征的细分市场理论只能揭示特征和结果之间的相关性，但只有当市场营销理论能够提供可信的因果关系，并建立在基于环境的市场分类方案上时，管理人员才能充满信心地说产品什么样的特点、实用功能，以及市场定位能够促使消费者购买某一产品。

第二，资源分配障碍。S. R. Habtay 认为资源禀赋更有可能扩大破坏性创新的潜力，M. E. Parry 和 T. Kawakami 在论文中指出，如果没有分配足够的财务资源和人力资源，破坏性创新项目将难以成功。M. Dijk 和 L. H. Schwamm 等人认为与现有技术相比，企业可能对新技术和新商业模式具有更高的财务回报预期，而破坏性创新项目因为盈利能力不是很高，企业不能为这些项目优先分配资金，从而阻碍了破坏性创新的发展。

第三，组织障碍。包括组织文化、组织结构。J. Dedrick 等人指出创新文化能够促进破坏性创新，如创业、冒险、灵活性和创造力等，因此创新文化应该得到保护和重视。H. C. Lucas 和 J. M. Goh 认为中层管理人员更易受到文化惯性的影响，阻碍其对新技术的快速反应。

第四，观念意识的障碍。对待破坏性创新的态度也是企业开展破坏性创新的一大障碍。Clark Gilbert 和 Joseph L. Bower 指出，当市场上出现破坏性创新时，处于主导地位的企业将其看作机会还是威胁是十分重要的。当公司投资破坏性创新时，他们应该把它视为一种威胁，并且为其进行大量的投资；当企业为破坏性创新构建新的业务模式或识别需求时，经理们需要将其看成是机会，这样才能为破坏性创新找到相关的独特的应用前景，此时如果管理者仍将其视为威胁，企业采取的业务模式将会是错误的。J. Karimi、Z. Walter 在研究中指出管理者对破坏性创新的支持十分重要，不仅具有战略性，也可以使其积极参与破坏性创新项目。他们整合项目提案，审查创新想法，并为批准的项目提供大量的资源。他们不仅具有政治影响力，而且还有打破既定流程的自信和能力。

4.1.2 企业开展破坏性创新的途径

由于一般的在位企业都难以适应破坏性创新带来的挑战，所以无论对主导厂商还是一些小企业来说，如何开展和应对破坏性创新都具有重大的现实意义。Birgitta Sandberg 指出在创新投放市场的初始阶段，市场对创新的接受是非常重要的，企业应该正确识别创新产品的早期顾客群体，在破坏性创新进入市场之前，应该先培养创造性产品在市场上的使用意识，并培训未来的用户。Constantinos D. Charitou 和 Constantinos C. Markides 通过调查98 家在位公司，总结出五种应对破坏性创新的战略：（1）集中精力和投资在传统业务上；（2）忽略创新——它不是公司的业务；（3）反击——对破坏性创新进行破坏；（4）接受创新——新老市场上两次博弈一次完成；（5）彻底采用创新并促使其升级。

4.1.3 制造业创新能力提升问题

洪江涛与黄沛从3 个方面（分别是创新投入、产出状况和创新成果特征）分析了长三角制造业的创新情况，并提出了增加创新投入、系统创新以提高长程三角形生产创新能力的建议。陈芳与眭纪刚在研究中国制造业创新能力发展的基础上，分析问题，提出中国制造业创新能力建设的总体思路，包括提高生产效率和创新效率，提高行业基本创新能力，系统支持能力建设，提高生产信息水平。

梳理研究代表性文献可知：（1）破坏性创新是从传统发展模式向基于新技术轨迹的发展模式的转变，这种模式的性能、结构、价值更低；（2）传统制造业目前创新能力较弱、技术落后、竞争能力不强，应在加大创新投入的同时，优化运营机制，提高创新效益。

4.2 指标体系、数据处理与结果测度

4.2.1 行业破坏性特征及创新能力指标体系

本书从2 个角度（分别是技术层面和市场需求）反映制造业行业的破坏性特

征，以新产品销售收入、专利授权数和新产品销售收入占工业销售产值的比重等3个指标从技术层面反映行业技术创新的活跃程度及替代情况，以工业销售产值环比增长速度从市场需求角度反映行业破坏性特征。具体的相关数据见表4-1。

表4-1 破坏性特征指标体系

目标层	指标层	单位	功效
技术层面	新产品销售收入 *D*1	万元	+
	有效发明专利数 *D*2	件	+
	新产品销售收入占工业产值比重 *D*3	%	+
市场需求	工业产值环比增长速度 *D*4	%	+

另外，本书将制造业行业创新能力分为3个方面，分别是：创新投入能力、创新产出能力以及创新效率。创新投入能力选取3个指标进行衡量，分别是：从事科技活动人员数、技术改造经费支出以及企业办科技机构数；创新产出能力选取2个指标进行衡量，分别是：新产品销售收入以及专利授权数；行业创新效率则选取4个指标，分别是：新产品销售收入与技术改造经费支出之比、新产品销售收入与科技活动人员数之比、专利授权数与技术改造经费支出之比以及专利授权数与科技活动人员数之比。具体的相关数据见表4-2。

表4-2 创新能力指标评价体系

目标层	指标层	单位	功效
创新投入	R&D 人员数 *C*1	人	+
	科技机构数 *C*2	个	+
	技术改造经费支出 *C*3	万元	+
创新产出	新产品销售收入 *C*4	万元	+
	有效发明专利数 *C*5	件	+
创新效率	新产品销售收入/R&D 人员数 *C*6	万元/个	+
	有效发明专利数/技术改造经费支出 *C*7	件/万元	+
	有效发明专利数/R&D 人员数 *C*8	件/个	+
	新产品销售收入/技术改造经费支出 *C*9	%	+

4.2.2 数据及处理

通过以上指标体系，查阅2010~2018年《天津科技统计年鉴》，收集了连续9年有数据的制造业行业24个。行业及其代码见表4-3。首先根据指标含义分别计算出各指标对应数值；其次将各个指标9年的数据进行年度平均；最后，为了确保数据间可比性，消除指标单位影响，对各个指标进行归一化处理。

表 4-3　行业及其代码

行　业	行业代码
农副食品加工业	M_1
食品制造业	M_2
烟草制造品与酒、饮料和精制茶制造业	M_3
纺织业	M_4
纺织服装、服饰业	M_5
皮革、毛皮、羽毛及其制品和制鞋业	M_6
家具制造业	M_7
造纸和纸制品业	M_8
印刷和记录媒介复制业	M_9
文教、工美、体育和娱乐用品制造业	M_{10}
石油加工、炼焦及核燃料加工业	M_{11}
化学原料和化学制品制造业	M_{12}
医药制造业	M_{13}
化学纤维制造与橡胶和塑料制品业	M_{14}
非金属矿物制品业	M_{15}
黑色金属冶炼和压延加工业	M_{16}
有色金属冶炼和压延加工业	M_{17}
金属制品业	M_{18}
通用设备制造业	M_{19}
专用设备制造业	M_{20}
铁路、船舶、航空航天和其他运输设备制造业	M_{21}
电气机械和器材制造业	M_{22}
计算机、通信和其他电子设备制造业	M_{23}
仪器仪表制造业	M_{24}

4.2.3　测度方法与结果

用多个衡量指标进行综合评价时，需要对每个指标进行赋权。如何进行赋权？为了解决这个问题，并确保数据分析结果的可靠性和完整性，首先，利用层次分析法和主成分分析法确定评价指标的权重，获取制造业的破坏性特征和综合创新能力得分；其次，将两种方法的结果进行加权平均，得出最终综合得分；最后，按照最终综合得分对行业破坏性特征和创新能力进行排序。

4.2.3.1　层次分析法应用

根据指标体系建立层次结构模型，最高层只有一个元素，称之为目标层。中间层为准则层，包含了各项因素，各因素存在于为实现问题决策的目标所涉及的中间环节中。最底层是方案层，提供各种方案以便得到目标结果。具体的各指标权重的确定及检验数据见表4-4。

表4-4 层次分析的权重确定及检验

指标体系	层级	指标重要性判断矩阵	特征向量 u	一致性检验 $CR=CI/RI$
破坏性特征体系	指标层	$P=\begin{bmatrix} & D1 & D2 & D3 & D4 \\ D1 & 1 & 1/2 & 1/3 & 1/4 \\ D2 & 2 & 1 & 1/2 & 1/2 \\ D3 & 3 & 2 & 1 & 1/3 \\ D4 & 4 & 2 & 3 & 1 \end{bmatrix}$	0.0962 0.1791 0.2533 0.4714	$CR=0.0462<0.1$
	目标层	$P_1=\begin{bmatrix} & B1 & B2 & B3 \\ B1 & 1 & 1/2 & 2 \\ B2 & 2 & 1 & 3 \\ B3 & 1/2 & 1/3 & 1 \end{bmatrix}$	0.2970 0.5396 0.1634	$CR=0.0088<0.1$
行业创新能力体系	指标层	$P_2=\begin{bmatrix} & C1 & C2 & C3 \\ C1 & 1 & 1/3 & 1/4 \\ C2 & 3 & 1 & 1/2 \\ C3 & 4 & 2 & 1 \end{bmatrix}$	0.5584 0.3196 0.1220	$CR=0.0176<0.1$
		$P_3=\begin{bmatrix} & C4 & C5 \\ C4 & 1 & 3 \\ C5 & 1/3 & 1 \end{bmatrix}$	0.7500 0.2500	$CR=0.0000<0.1$
		$P_4=\begin{bmatrix} & C6 & C7 & C8 & C9 \\ C6 & 1 & 3 & 5 & 6 \\ C7 & 1/3 & 1 & 3 & 4 \\ C8 & 1/5 & 1/3 & 1 & 2 \\ C9 & 1/6 & 1/4 & 1/2 & 1 \end{bmatrix}$	0.5622 0.2581 0.1103 0.0693	$CR=0.0295<0.1$

4.2.3.2 主成分分析法应用

运用SPSS软件分别对破坏性特征体系与创新能力体系进行主成分分析，结果显示破坏性特征体系存在两个可以提取的主成分，创新能力体系存在三个可提取的主成分。结果见表4-5。

表4-5 主成分方差贡献率及累积方差贡献率

指标体系	主 成 分	方差贡献率/%	累积方差贡献率/%
破坏性特征体系	F1	53.686	53.686
	F2	21.801	75.488
行业创新能力体系	F1	37.269	37.269
	F2	26.974	64.243
	F3	17.806	82.049

根据成分得分系数得到每个主成分的效益，然后以每个主成分的方差贡献作为权数，利用公式对每个主成分进行加权得分，计算出制造业破坏性特征及创新能力的综合得分。

4.2.3.3 综合得分及排序

通过利用层次分析法与主成分分析法两种方法确定权重，我们用这两种方法对 24 个制造业的破坏特征和创新能力进行了总分。为了避免单一方法分析的片面性，将两种方法的综合得分分别赋予 0.5 的权重计算其最终的加权得分，从而得到制造业 24 个行业的破坏性特征和创新能力的综合得分及排序，具体的相关数据见表 4-6。

表 4-6 破坏性特征和创新能力的综合得分及排序

行业	破坏性特征体系				行业创新能力体系			
	层次分析法综合得分	主成分分析综合得分	加权得分	排名	层次分析法综合得分	主成分分析综合得分	加权得分	排名
M_{1}	-0.27	-0.65	-0.46	20	-0.08	-0.31	-0.20	14
M_{2}	-0.09	-0.72	-0.40	19	-0.15	-0.01	-0.08	12
M_{3}	-0.34	-0.91	-0.63	21	-0.79	-0.94	-0.87	24
M_{4}	-0.93	-0.79	-0.86	23	-0.64	-0.57	-0.61	22
M_{5}	-1.09	-0.94	-1.01	24	-0.72	-0.75	-0.73	23
M_{6}	0.29	-0.4	-0.05	13	-0.37	-0.27	-0.32	17
M_{7}	-0.14	-0.5	-0.32	16	-0.65	-0.56	-0.60	21
M_{8}	0.18	-0.08	0.05	11	-0.24	-0.28	-0.26	16
M_{9}	0.04	-0.53	-0.25	14	-0.40	-0.32	-0.36	19
M_{10}	1.52	0.09	0.81	3	0.11	0.09	0.10	10
M_{11}	-0.65	-0.84	-0.75	22	0.27	-0.69	-0.21	15
M_{12}	0.05	0.33	0.19	8	0.30	0.2	0.25	9
M_{13}	0.78	1.3	1.04	2	0.36	1.03	0.70	3
M_{14}	-0.41	-0.26	-0.33	17	-0.34	-0.35	-0.34	18
M_{15}	-0.28	-0.51	-0.39	18	-0.47	-0.37	-0.42	20
M_{16}	-0.15	-0.25	0.05	10	0.86	-0.05	0.40	5
M_{17}	-0.19	-0.37	-0.28	15	0.48	0.16	0.32	7
M_{18}	0.09	0.33	0.21	7	0.23	0.52	0.37	6
M_{19}	-0.11	0.21	0.05	12	-0.02	0.21	0.09	11
M_{20}	0.48	0.94	0.71	5	0.39	1.09	0.74	2
M_{21}	-0.01	0.8	0.40	6	0.34	0.23	0.29	8
M_{22}	0.52	1.01	0.77	4	0.41	0.61	0.51	4
M_{23}	0.84	1.95	1.40	1	1.35	1.44	1.40	1
M_{24}	-0.14	0.28	0.07	9	-0.25	-0.08	-0.16	13

4.3 天津制造业行业创新模式选择

4.3.1 创新模式分类

根据技术创新的组织方式，人们将其分为三种基本模式：独立创新模式、合作创新模式和模仿创新模式。独立创新是由自己的力量发展和组织的，而独立创新的结果往往是原创的，独立创新所需的基本技术来源于企业内部日常积累的技术和偶尔的技术突破。

独立创新的优点有：第一，有利于创新主体在一定时期内掌握和控制某项产品或工艺的核心技术，在一定程度上左右行业的发展；第二，在一些技术领域的自主创新往往能引致一系列的技术创新，带动一批新产品的诞生，推动新兴产业的发展；第三，有利于创新企业更早积累生产技术和管理经验，获得产品成本和质量控制方面的经验；第四，有利于企业较早建立原料供应网络和牢固的销售渠道，获得超额利润。

独立创新的缺点有：第一，这种模式需要企业有很强的技术研发能力，需要巨额的投入，不仅要投巨资于研究与开发，还必须拥有实力雄厚的研发队伍，具备一流的研发水平；第二，高风险性，自主研究开发的成功率相当低；第三，时间长，不确定性大；第四，市场开发难度大、资金投入多、时滞性强，市场开发投入收益较易被跟随者无偿占有。另外，独立创新的特点主要有三个：一是在核心技术上的自主突破；二是关键技术的领先开发；三是新市场的率先开拓。

合作创新是指与其他企业、研究机构、高等教育机构等建立技术合作关系的企业之间的合作，在保持各自必须获得的利益及各自的社会身份的同时，在一定的时期内进行合作，共同从事技术或产品的研究开发，在确定的共同开发目标的基础上实现各自目标的技术创新活动。合作创新通常集中在新兴技术和高新技术产业，采取的主要形式是共同合作，各方在整个技术创新过程中进行合作或相互关联，共同参与，共享成果，共担风险。

合作创新的优点有：第一，能实现创新资源的优势互补，这种需求和资源结构的互补性能够产生比单一资源单独使用更大的效率，在项目进展的不同阶段资源的配置也更加合理；第二，对资源的集中使用能够有效扩大资源的投入规模，减少单个单位由于资源不足或资源结构不合理而引起的创新时滞，因而能够比在不合伙的状态下缩短创新时间。合作创新的缺点：在合伙单位的选择、合作体的管理和创新成果的分享等方面由合伙各方通过协商进行，交易成本较高，而且往往会产生无法通过协商解决的矛盾和利益纠纷。

模仿创新是创新机构学习创新先驱者的方法，介绍、购买或解密先驱者的核心技术和技术秘密，并以此为基础改进实践。当然，模仿创新中的模仿，是指领导者的创新行为，而不仅仅是模仿和学习技术；模仿创新不是抄袭，而是站在别人的肩膀上，投入一定的研发资源，特别是技术和研发市场。模仿创新中的创新，主要表现为在原作者主导设计基础之上的产品和工艺的渐进创新。

模仿创新的优点有：第一，模仿创新者不必花巨资进行产品概念的宣传和消费观念的引导，可充分享受率先创新者开辟新市场投资的外溢效益。进入新市场的延迟还可以避免初期消费需求的不确定性，避免投资方向失误。第二，消费者的需求是多层次的，再加上地域、文化等因素所造成的市场分割，模仿创新者完全可凭借自己的实力获得一定的市场占有率。主要缺点是被动性。由于模仿创新企业不做 R&D 方面的超前探索，而是做先进技术的跟随者，因此在技术发展方面只能被动适应，当新的自主创新高潮到来时，就会处于非常不利的境地；模仿创新往往还会受到率先创新者技术壁垒、市场壁垒的制约，有时还面临法律、制度方面的障碍。

4.3.2 行业创新模式选择

根据以上三种创新模式的特点，在对 24 个制造业行业破坏性特征与创新能力进行分析的基础上，可以利用四象限模型方法对 24 个制造业行业进行分类，其中横坐标轴是行业破坏性特征，纵坐标轴是行业创新能力，原点是行业破坏性特征和创新能力的中位数交点，中位数值低于破坏性特征的综合得分则表明破坏性创新特征明显，反之则表明持续性创新明显，可以得到 24 个制造业行业分布的坐标图如图 4-1 所示。

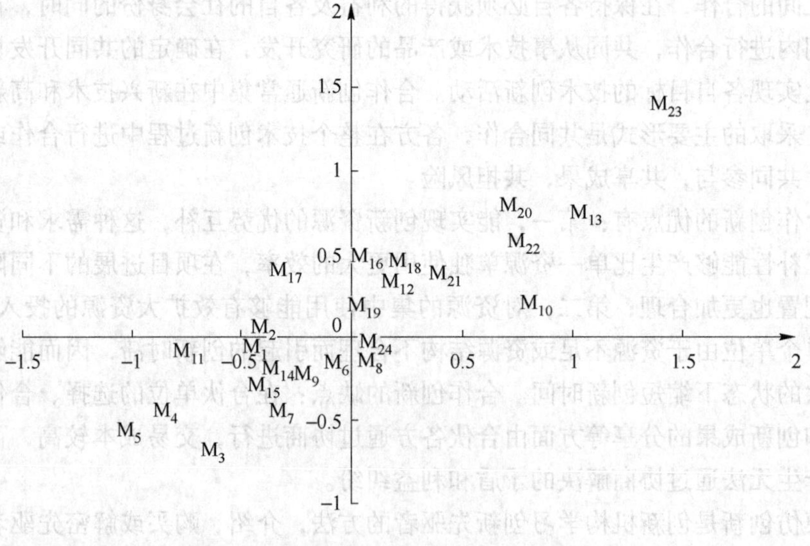

图 4-1 坐标图

第一象限内制造业行业 M_{10}（文教、工美、体育和娱乐用品制造业)、M_{12}（化学原料和化学制品制造业)、M_{13}（医药制造业)、M_{16}（黑色金属冶炼和压延加工业)、M_{18}（金属制品业)、M_{19}（通用设备制造业)、M_{20}（专用设备制造业)、M_{21}（铁路、船舶、航空航天和其他运输设备制造业)、M_{22}（电气机械和器材制造业)、M_{23}（计算机、通信和其他电子设备制造业）的特点是不仅破坏性创新特征较明显，而且也有较强的创新能力，这类行业应该鼓励企业选择以自主创新为主、合作创新为辅的创新战略模式。

第二象限内制造业行业 M_2（食品制造业)、M_{17}（有色金属冶炼和压延加工业）的特点是破坏性特征不明显，但是有着较强的创新能力，这类行业应该鼓励企业选择自主创新与模仿创新同时兼顾。由于行业的技术创新能力比较强，因此鼓励行业自主创新符合自身的条件和优势，由于行业的破坏性特征不明显，应该在模仿中学习企业先进的技术，而不仅仅是单纯的模仿，在模仿中抢占市场，在模仿中实现创新，最终达到赶超的目标。

第三象限内制造业行业 M_1（农副食品加工业)、M_3（烟草制造品与酒、饮料和精制茶制造业)、M_4（纺织业)、M_5（纺织服装、服饰业)、M_6（皮革、毛皮、羽毛及其制品和制鞋业)、M_7（家具制造业)、M_9（印刷和记录媒介复制业)、M_{11}（石油加工、炼焦及核燃料加工业)、M_{14}（化学纤维制造与橡胶和塑料制品业)、M_{15}（非金属矿物制品业）的特点是破坏性特征不明显，创新能力比较弱，对于这类行业，应该鼓励企业以模仿创新和合作创新为主要目标。行业创新破坏度低，而维持性特征比较明显的行业，技术替代的速度不快，要在模仿其他企业创新中，积累技术经验。同时创新能力较弱，缺乏自主创新的技术，无法实现自主创新，通过企业间的合作可以集中产业技术力量攻克限制产业长期发展的瓶颈，提高自己的创新能力。

第四象限内制造业行业 M_8（造纸和纸制品业)、M_{24}（仪器仪表制造业）的特点是破坏性特征明显，创新能力比较弱。对于此类行业，应该鼓励企业以促进行业中的企业实施引进技术和合作创新作为主要的创新模式。

4.4 对策建议

通过破坏性创新实现天津制造业国际竞争优势的构建，本书从企业方面、产业方面和政府政策方面提出以下三点对策建议：

（1）企业层面的破坏性创新。为了更好地应对全球化的竞争，公司必须在战略、组织结构、资源分配等方面进行一系列相应的调整，实施这一战略的关键是将具有取代性的非主流技术应用于当前不受欢迎的市场，其重点是最终通过占领被主流技术忽视的不受欢迎的市场来取代基本技术。在破坏性创新开始阶段，企业首先是根据创新的盈利性分配资源的依据，然后是成长性；随着项目逐渐发展成熟，资源分配的标准变为先是成长性，再是盈利性。

（2）产业层面的破坏性创新。应发挥生产性服务业对破坏性创新的促进作用，通过生产性服务业在客户服务领域的持续知识创新，使服务行业成为破坏性创新的温床；通过生产性服务业的知识输出来刺激制造业知识创新；通过发展服务业，促进在该地区传播破坏性创新的知识。

（3）开展破坏性创新，必须制定和合理地使用诸如公共税收政策、公共采购政策、专利政策和国家监管政策等创新产业政策。根据不同行业的特点和创新能力，必须整合旨在鼓励自主创新、模仿创新和合作创新的创新工具。

5 “互联网 +” 视角下对河北省制造业产业转型升级路径分析

制造业既是我国现代工业的重要基石，又是现代国民经济的支柱和主体，同时也被认为是一个强大经济国家的重要经济基础。为了不断稳固和提高我国的综合国力，保障我国经济的稳步增长，捍卫国家安全，我国迫切需要发展和建设一批具有较强国际核心竞争力的现代制造业。随着我国现代科学信息技术的不断进步和创新，新型能源、新型材料等许多重要的领域和前沿的方向都已经出现了一系列历史性的突破和交叉融合。由于这些领域新鲜血液的注入，我国已经开始了新一轮的制造产业转型和升级。

“中国制造 2025” 的提出旨在促进我国智能制造的持续快速发展。它的发布极其充分地体现了党的十八大精神，有利于推动传统制造业向智能化方向发展，从而进一步提高质量以及经济效益，加快信息电子技术与智能化制造业的深度发展和融合。同时，进一步适应和满足社会经济发展的需要，以及满足我国的国防建设等各方面对于高新技术装备的巨大需求，不断地巩固和提高我国制造装备综合能力。通过制造产业的转型和升级，实现了制造产业的一个历史性重大飞跃，全面推进了制造产业发展战略的制定和实施。目前，越来越多的制造行业所设计和生产的制造设备正在进行更多智能化的改造，而这些智能化的改变有利于制造行业提高其精准迅速的智能化制造能力，有利于对智能化制造产品的深入研发。同时也赋予了个性化定制、众包设计和云制造等智能化制造商业模式更多新的可能性和含义。

分析河北省传统制造业如何利用互联网进行产业路径转型升级，进而提高产业竞争力，从而可以有效地推动河北省未来经济的持续稳定健康的发展，对我国的社会发展都有着非常重要的参考价值和现实意义。因此，研究“互联网 +”对河北省制造业的影响，具有立意较新的创新点，符合当前我国实体经济的发展趋势。

通过行业间模式融合，进行技术创新，从而推动传统产业的转型和升级，这便是“互联网 +”的内核。自从 2015 年李克强总理提出战略计划后，国内学者对“互联网 +”的相关课题研究进入全新时代。总理在报告中指出，我国传统制造业可以充分利用互联网战略，逐步通过互联网这个新兴的平台，与互联网融合发展，创新技术与产品，从而达到对传统制造业转型和升级的目的。“互联网+”这个特殊的概念由于扬首次提出，他认为“互联网+”具有超强的市场前景，在不久的将来会普及到我们现实生活中的各行各业以及所涉及到的产品、服务。企业通过“互联网+”这个快车，迅速改变自身传统落伍的生产、管理以及商业模式。它代表着一种潮流和趋势，是一种全新的经济形态，既可对产业进行转型升级，又可加速经济现代化建设。行业与互联网这二者之间以不断创新和完善的技术为媒介，进行融合发展的过程，这便是“互联网+”的实现过程。

“互联网+制造业”时代最开始的整个发展过程起源于中国政府“两化融合”的政策倡导。国外对相关课题研究主要是基于全球创新与价值链的角度，集中在企业、产业、国家这三个层面。国内对转型升级的课题研究主要是集中在制造业创新驱动、服务化、协同创新与其他产业融合、全球价值链、低碳绿色经济、供给侧改革以及“互联网+”这几个方面，除“互联网+”外，其他课题研究较多，相对成熟，而基于“互联网+”的视角下，对于制造业转型与升级的相关课题研究处于萌芽阶段，因此该相关课题具有深入研究的理论与现实意义。通过对“互联网+”与我国传统制造业产业结构转型升级的相关课题研究进行梳理，不难发现，对该课题研究主要集中在我国传统制造业转型升级的必要性、意义和实证角度，大部分是以国家层面为研究对象，对某一省域制造业的研究较少。

王亚男认为我国由传统的制造大国向现代的制造强国转变的突破口是推动目前我国制造业从劳动密集型向技术密集型转变，通过互联网先进的技术改造企业产品的全生命周期，废除过剩产能，不断构建属于自己的先进核心技术，达到两化融合的目的，完成产业转型和升级。王喜文指出，“互联网+工业”是我国传统制造业进行升级的一个高潮，带领传统制造业向智能化、人性化、定制化发展，同时也改变了价值创造与分配模式，客户能够参与相关产品的设计和生产环节，达到产品、服务满足客户的个性化需求。肖斌、赖新峰分析指出，在“互联网+”这个大背景下，我国传统制造业应积极应对，推动制造业品牌与信息技术融合战略的实施，与此同时，国家也应当最大化地给予相关支持，促进我国传统制造业向柔性化、智能化生产发展。

国外学者 Gereffi 提出生产者和购买者的驱动型价值链模式。不久后，Humphrey 等人在此基础上，又进一步提出了相关技术、产品以及其功能和价值链间的产业链升级方式。Paul Krugman 通过研究认为：制造业企业由于成本、产品生产等各方面经济因素的考虑，会趋向于向制造业生产中心靠拢，自然而然便形成了一定的制造业聚集区。Ernst、李晓春等通过对韩国电子产业和浙江省制造业进行研究发现制造业转型升级不仅仅是原有结构的转化与知识的堆积，而是要依靠自主创新。制造业发展的问题多源于自主创新能力的不足。国内学者涂颖清将影响产业发展的因素分为内生因素和外生因素两个方面。他认为对产业发展起关键作用的是以技术为核心的内生因素。在内生因素中人力资本占有重要比重。而生产性服务业等外生因素对产业发展具有作用，但是其作用效果要次于内生因素。倪敬娥则认为市场环境中的参与者、制造业相关配套设施服务等外部因素是影响制造业发展的重要原因。仲云云在对制造产能过剩影响因素的研究中认为市场、环境、行业状况以及资本投入是其最重要的影响因素。

综上所述，国内制造业的相关研究方向主要为先进制造业与高新技术融合产业的协同与发展、制造业转型和升级、高新技术融合现代制造业、新兴产业和其他战略性新兴产业的形成与发展这几个大方向。目前，关于制造业比较集中的研究成果为制造业转型以及升级、新兴产业和其他战略性新兴产业的形成与发展，这些都为本书的研究提供了诸多便利和帮助。但是，就目前而言，缺少针对“互联网+”视角下的制造业转型升级这方面的相关探究，本书通过分析河北省制造业转型升级困难的原因，并结合现状，提出具体路径分析及建议。

5.1 互联网对河北省制造业的影响

5.1.1 指标体系的建立

本书总结和借鉴多位专家和学者的经验和研究成果，以此构建与制造业相关的“互联网+”指标体系。本书研究“互联网+”对于河北省制造业的影响，科学合理地选择和计算制造业指标十分必要和关键。本书系统地综合了相关研究成果并充分结合本书研究的具体实际情况，始终遵循基本原则，将互联网的用户普及率、上网的人数、宽带网络接入的用户数量分别按照0.5、0.25、0.25的比例权重，作为制造业的“互联网+”指数指标体系。将“互联网+”指数体系作为制造业灰色关联度分析模型中的参考序列，制造业中27个行业的主营业务收入的无量纲化处理结果作为模型中的比较序列。本书构建的“互联网+”指数指标体系见表5-1。

表5-1 “互联网+”指标体系

指标类别	指标名称	权重
“互联网+”指数	互联网普及率/%	0.5
	互联网上网人数/万人	0.25
	互联网宽带接入用户/万户	0.25

5.1.2 灰色关联度分析模型

灰色关联模型分析，其目的是根据各种相关因素之间发展趋势的相似或不同程度来较为准确地衡量各种因素之间的相互关联紧密程度。它也是目前用来度量各种因素之间发展趋势相关性的一种重要方法，它定量地描述了各种因素之间的相对变化。灰色关联模型的设计和建立首先是确定模型分析的顺序，建立的参考序列和建立的比较序列分别如下：

$$x_0 = \{x_0(1), x_0(2), \cdots, x_0(n)\}$$

$$x_i = \{x_i(1), x_i(2), \cdots, x_i(n)\}, \quad i = 1, 2, \cdots, m$$

$$X = \begin{vmatrix} x_1(1), & x_1(2), & \cdots, & x_1(n) \\ x_2(1), & x_2(2), & \cdots, & x_2(n) \\ \vdots & \vdots & \cdots & \vdots \\ x_m(1), & x_m(2), & \cdots, & x_m(n) \end{vmatrix}$$

如下关系式可以表示被进行比较对象与其他参考对象的关联程度：

$$\xi_i(k) = \frac{\min\limits_i \min\limits_k |x_0(k) - x_i(k)| + \zeta \max\limits_i \max\limits_k |x_0(k) - x_i(k)|}{|x_0(k) - x_i(k)| + \zeta \max\limits_i \max\limits_k |x_0(k) - x_i(k)|}$$

式中，$\xi_i(k)$称为 x_i 对 x_0 关于 k 指标的关联系数。ζ 为分辨系数，$\zeta \in [0,1]$，它的作用是为了最大限度地减少极值对系统计算的影响，一般建议取值为$\zeta \leqslant 0.5$。

5.1.3 数据来源

本书所涉及并收集到的原始统计数据分别来自 2010～2017 年的《中国统计年鉴》和《河北经济年鉴》。本书实证研究分析的数据对象主要为河北省的互联网普及率、互联网上网人数、宽带接入用户数量、河北省制造业 27 个行业的主营业务收入以及 27 个行业的灰色关联度。

5.1.4 基于灰色关联度分析的测算

根据表 5-1 构建的“互联网+”指数指标体系以及灰色关联度分析模型，对河北省制造业 27 个行业的主营业务收入和“互联网+”指数进行测算。互联网相关数据见表5-2，行业主营业务收入无量纲化处理结果见表5-3，具体的测算结果见表5-4。同时，根据它们的灰色关联度对其进行八年和近三年排序，具体的排序结果见表5-5。

表 5-2 河北省互联网相关测度数据

年 份	互联网普及率/%	上网人数/万人	宽带接入用户/万户
2009	26.4	1842	523.3
2010	31.2	2197	667
2011	36.1	2597	824.5
2012	41.5	3008	963.9

续表 5-2

年 份	互联网普及率/%	上网人数/万人	宽带接入用户/万户
2013	46.5	3389	1031.6
2014	49.1	3603	1127.6
2015	50.5	3731	1226.5
2016	53.3	3956	1612
2017	56.0	4183	1910.1

表 5-3 河北省“互联网+”指数与行业主营业务收入

行业编号	行 业	互联网+指数							
		0.50	0.59	0.68	0.75	0.80	0.83	0.92	1.00
1	农副食品加工业	0.59	0.77	0.85	0.92	0.96	0.95	1.00	0.82
2	食品制造业	0.39	0.55	0.64	0.74	0.84	0.91	1.00	0.87
3	饮料制造业	0.51	0.65	0.73	0.87	0.93	0.97	1.00	0.86
4	烟草制品业	0.07	0.08	0.09	0.10	1.00	0.10	0.09	0.09
5	纺织业	0.52	0.68	0.78	0.88	0.95	0.94	1.00	0.74
6	纺织服装、鞋、帽制造业	0.51	0.63	0.84	0.91	0.95	0.97	1.00	0.74
7	皮革、毛皮、羽毛（绒）及其制品业	0.44	0.58	0.69	0.83	0.92	0.97	1.00	0.87
8	木材加工及木、竹、藤、棕、草制品业	0.55	0.64	0.69	0.84	0.92	0.98	1.00	0.83
9	家具制造业	0.37	0.50	0.62	0.65	0.76	0.95	1.00	0.63
10	造纸及纸制品业	0.37	0.88	1.00	0.96	0.97	0.95	0.93	0.72
11	印刷业和记录媒介的复制	0.36	0.43	0.57	0.78	0.88	0.89	1.00	0.81
12	文教、体育用品制造业	0.02	0.03	1.00	0.15	0.18	0.20	0.23	0.18
13	石油加工、炼焦及核燃料加工业	0.68	0.93	1.00	0.94	0.82	0.72	0.76	0.86
14	化学原料及化学制品制造业	0.56	0.70	0.78	0.89	0.95	1.00	0.99	0.90
15	医药制造业	0.56	0.67	0.79	0.88	0.94	0.96	1.00	0.99
16	化学纤维制造业	0.07	0.09	1.00	0.10	0.10	0.12	0.31	0.33
17	橡胶制品业和塑料制品业	0.53	0.66	0.74	0.83	0.92	0.98	1.00	0.72
18	非金属矿物制品业	0.63	0.81	0.87	0.95	0.96	0.96	1.00	0.88
19	黑色金属冶炼及压延加工业	0.79	0.98	1.00	1.00	0.96	0.87	0.92	0.90
20	有色金属冶炼及压延加工业	0.66	0.85	0.96	1.00	0.97	0.89	0.95	0.79
21	金属制品业	0.35	0.52	0.66	0.79	0.87	0.88	1.00	0.92
22	通用设备制造业	0.73	1.00	0.68	0.77	0.85	0.85	0.97	0.66

续表 5-3

行业编号	行业	互联网+指数							
		0.50	0.59	0.68	0.75	0.80	0.83	0.92	1.00
23	专用设备制造业	0.49	0.59	0.79	0.87	0.92	0.98	1.00	0.77
24	交通运输设备制造业	0.42	0.51	0.60	0.72	0.81	0.88	1.00	0.95
25	电气机械及器材制造业	0.58	0.66	0.65	0.76	0.88	0.91	1.00	0.86
26	通信设备、计算机及其他电子设备制造业	0.51	0.58	0.65	0.74	0.85	1.00	1.00	0.87
27	仪器仪表及文化、办公用机械制造业	0.56	0.63	0.56	0.63	0.68	0.84	0.84	1.00
	最大值	0.79	1.00	1.00	1.00	1.00	1.00	1.00	1.00
	最小值	0.02	0.03	0.09	0.10	0.10	0.10	0.09	0.09
	最小差	0.30	0.41	0.32	0.25	0.20	0.17	0.08	0.00
	最大差	0.48	0.56	0.58	0.66	0.70	0.73	0.84	0.91

表 5-4 河北省制造业与互联网的灰色关联度

行业编号	行业	2010 年	2011 年	2012 年	2013 年	2014 年	2015 年	2016 年	2017 年
1	农副食品加工业	0.82	0.84	0.95	1.02	1.06	1.05	1.09	0.93
2	食品制造业	0.68	0.71	0.80	0.87	0.95	1.01	1.09	0.96
3	饮料制造业	0.75	0.77	0.86	0.97	1.03	1.07	1.09	0.96
4	烟草制品业	0.54	0.54	0.57	0.58	1.10	0.58	0.57	0.57
5	纺织业	0.76	0.78	0.90	0.99	1.04	1.04	1.09	0.86
6	纺织服装、鞋、帽制造业	0.76	0.75	0.94	1.01	1.04	1.07	1.09	0.87
7	皮革、毛皮、羽毛（绒）及其制品业	0.71	0.72	0.83	0.94	1.02	1.07	1.09	0.97
8	木材加工及木、竹、藤、棕、草制品业	0.79	0.76	0.83	0.95	1.02	1.07	1.09	0.93
9	家具制造业	0.67	0.69	0.79	0.81	0.89	1.05	1.09	0.80
10	造纸及纸制品业	0.67	0.92	1.09	1.06	1.07	1.05	1.02	0.85
11	印刷业和记录媒介的复制	0.66	0.65	0.76	0.90	0.98	0.99	1.09	0.92
12	文教、体育用品制造业	0.52	0.52	1.09	0.60	0.60	0.61	0.62	0.60
13	石油加工、炼焦及核燃料加工业	0.90	0.96	1.09	1.04	0.93	0.86	0.88	0.95
14	化学原料及化学制品制造业	0.79	0.79	0.89	0.99	1.05	1.10	1.07	0.99
15	医药制造业	0.79	0.77	0.90	0.99	1.04	1.05	1.09	1.07
16	化学纤维制造业	0.54	0.54	1.09	0.58	0.58	0.58	0.65	0.65

续表 5-4

行业编号	行业	2010 年	2011 年	2012 年	2013 年	2014 年	2015 年	2016 年	2017 年
17	橡胶制品业和塑料制品业	0.77	0.77	0.87	0.94	1.02	1.08	1.09	0.85
18	非金属矿物制品业	0.85	0.86	0.96	1.05	1.06	1.06	1.09	0.97
19	黑色金属冶炼及压延加工业	1.02	1.01	1.09	1.10	1.06	0.97	1.01	0.99
20	有色金属冶炼及压延加工业	0.88	0.90	1.05	1.10	1.07	0.99	1.04	0.90
21	金属制品业	0.66	0.70	0.82	0.91	0.98	0.98	1.09	1.01
22	通用设备制造业	0.96	1.03	0.82	0.90	0.96	0.96	1.06	0.81
23	专用设备制造业	0.74	0.73	0.90	0.97	1.02	1.08	1.09	0.89
24	交通运输设备制造业	0.70	0.69	0.78	0.86	0.92	0.98	1.09	1.04
25	电气机械及器材制造业	0.81	0.77	0.81	0.89	0.98	1.01	1.09	0.95
26	通信设备、计算机及其他电子设备制造业	0.76	0.73	0.80	0.88	0.96	1.10	1.09	0.96
27	仪器仪表及文化、办公用机械制造业	0.80	0.75	0.76	0.81	0.83	0.94	0.94	1.09

表 5-5 河北省制造业与互联网的灰色关联度排名

行业编号	行业	8 年综合	排名	近 3 年综合	排名
4	烟草制品业	5.04	27	1.72	27
12	文教、体育用品制造业	5.16	26	1.83	26
16	化学纤维制造业	5.20	25	1.88	25
9	家具制造业	6.78	24	2.69	20
27	仪器仪表及文化、办公用机械制造业	6.92	23	2.84	19
11	印刷业和记录媒介的复制	6.97	22	2.92	16
24	交通运输设备制造业	7.06	21	2.93	7
2	食品制造业	7.08	20	2.93	11
21	金属制品业	7.14	19	2.97	9
26	通信设备、计算机及其他电子设备制造业	7.27	18	2.98	3
25	电气机械及器材制造业	7.31	17	2.99	13
7	皮革、毛皮、羽毛（绒）及其制品业	7.35	16	3.00	4
17	橡胶制品业和塑料制品业	7.39	15	3.02	15
23	专用设备制造业	7.42	14	3.03	12
8	木材加工及木、竹、藤、棕、草制品业	7.44	13	3.06	8
5	纺织业	7.46	12	3.06	17

续表 5-5

行业编号	行 业	8 年综合	排名	近 3 年综合	排名
3	饮料制造业	7.50	11	3.07	6
22	通用设备制造业	7.50	10	3.07	23
6	纺织服装、鞋、帽制造业	7.53	9	3.08	14
13	石油加工、炼焦及核燃料加工业	7.62	8	3.09	24
14	化学原料及化学制品制造业	7.68	7	3.11	2
15	医药制造业	7.71	6	3.11	1
10	造纸及纸制品业	7.73	5	3.12	22
1	农副食品加工业	7.75	4	3.13	10
18	非金属矿物制品业	7.90	3	3.15	5
20	有色金属冶炼及压延加工业	7.93	2	3.16	21
19	黑色金属冶炼及压延加工业	8.26	1	3.22	18

由表 5-4 和表 5-5 可知，在 2010～2017 年的连续时间段内，制造业的 27 个行业与互联网的灰色关联度的差异较为明显，灰色关联度都在 0.54 以上，体现出互联网在我们的生活当中无处不在，都或多或少与互联网这项技术存在着密切的关系。不难看出，计算机这类始终追赶最新技术的制造业，电子产品这类一段时间就更新换代的制造业，医学药品这类不断进行创新结合的制造业，化学原料及其他化学制品这类一直在研究创造的制造业，以及通信设备这类不断完善进步的行业，它们与互联网的联系越来越紧密，并且随着我国互联网的发展，这些行业的规模和营业收入大大提高，证明了我们所处的信息时代，互联网对传统制造产业有重要意义和作用。反观类似于烟草制品行业、文教体育用品行业、化学纤维制造业这些产品制作工艺简单、产品单一的传统行业，由于其自身行业的差异和特殊性，导致其与互联网发展的关联度不是很高，始终被行业排在末端。实证分析的结果表明，目前互联网的广泛普及和快速发展对于推动制造业各个行业的发展都具有较大的意义和作用，是推动制造业进一步发展的重要影响因素。互联网的发展与个别传统行业关联度仍然较小，这种情况说明了互联网的发展虽然对于制造业的快速发展具有一定的推动影响，但仍然不是主导推动制造业进一步发展的最主要影响因素。

5.1.5 灰色关联度分析结论

本节以河北省制造业 27 个行业以及互联网为研究对象，基于“互联网+”指数指标体系，运用灰色关联度分析模型对行业和互联网的灰色关联度进行了测算和研究。结论如下：

首先，从行业的截面数据分析来看，河北省制造业 27 个行业与互联网的关联程度存在明显的差异。通过“互联网+”指标体系和灰色关联模型对27个行业进行分析和测度，河北省制造业的行业之间与互联网的关联程度呈现显著的“梯度分布”。其中化学原料以及其他化学制品制造业，医药制造业，计算机、通信设备以及其他电子设备制造业等行业，不断加深和加固与互联网之间的紧密联系，利用互联网这条方便快捷的信息通道，进一步加快发展制造行业，增加经济收入，增强自身的行业竞争力。而其中烟草制品业，文教、体育用品制造业，化学纤维制造业等行业，始终与移动互联网关联程度不是足够紧密，因而其在整体营业收入和利润方面没有太大的增长，竞争优势不足，且整体实力较弱，每年都保持较小的上下波动的趋势。

其次，从时间上看，近八年和近三年年间，河北省制造业各行业与互联网关联程度排名变动幅度明显，表明互联网发展迅速，各行业也在不断调整，进行产业升级，充分利用互联网不断发展，增强自身实力，摆脱传统模式。

美国首次提出了《先进制造业伙伴计划》，德国和日本紧接其后，开启了“工业4.0”时代，这些无一例外都在宣示着互联网在推动中国以及全世界发展与进步。各国都在争分夺秒地进行新一轮科技和产业革命，这些变化，既需要新型信息技术和互联网相关技术的不断进步，同时也需要推动互联网与传统制造业的发展和深度融合。不单单只是国外，中国也在不断地奋斗和努力，以便顺应相关产业转型发展的新时代，我国的“中国制造2025”和“互联网+”行动计划就是推进并加速多种产业结构转型和升级的突出范例。与国外不同的是，中国对互联网与传统制造业的融合赋予了更多的含义与发展价值，主要以新型的信息通信技术与传统制造业的深层次融合发展为主的“中国制造2025”，在实施制造业领域的战略规划方面与“互联网+”行动计划相吻合。“互联网+”推动传统制造业转型和升级是中国实现新一代制造强国的必经之路。制造业的转型和升级与互联网发展相结合将会是未来经济发展的必然趋势，中国目前正处于信息科技快速发展的时代，“互联网+传统产业”的新发展模式正在逐渐地影响和改变我国传统产业结构。通过上述的实证结果我们可以非常清楚地看到，产业的转型升级对于我们国家的制造业实体经济快速发展有着非常大的推动作用，同时，互联网也正在逐步成为其重要技术推动力，从长远角度来看，进行转型升级的传统制造业与互联网紧密结合的新兴产业，将成为未来我国乃至世界经济增长的主要动力。

5.2 河北省制造业现状以及困境

5.2.1 河北省制造业现状

为了对河北省制造业近几年的发展有更为清晰的了解，本书首先根据历年的《河北经济年鉴》，通过数据收集、处理，计算了河北省制造业2010～2017年生产产值、工业增加值、制造业占GDP的比重，具体数据见表5-6。图5-1展示的是2010～2017年河北省各年度地区生产总值和工业增加值的变化，图5-2突出表现的是河北省制造业所占GDP比重的变化形势。

表5-6 河北省2010～2017年生产总值和制造业工业增加值的对比

年 份	生产总值/亿元	制造业工业增加值/亿元	制造业占GDP/%
2010	20494.19	9627.91	47.3
2011	24543.87	11873.88	48.5
2012	26568.79	12639.84	47.1
2013	28387.44	13347.21	46.62
2014	29341.22	13499.52	45.31
2015	29686.16	12806.5	42.4
2016	31660.15	13387.46	41.7
2017	35964	15325.8	40.4

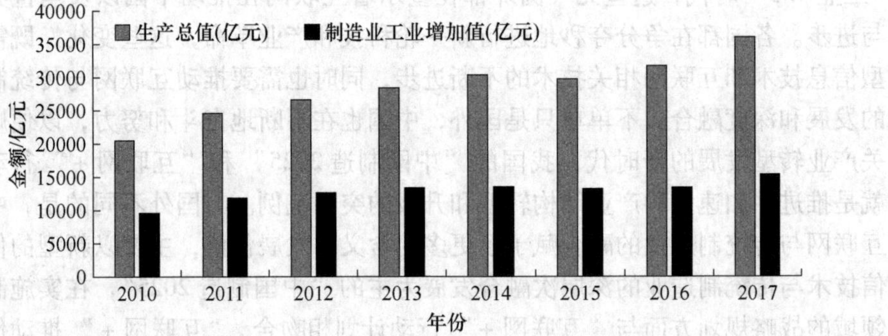

图5-1 河北省2010～2017年生产总值和制造业工业增加值对比

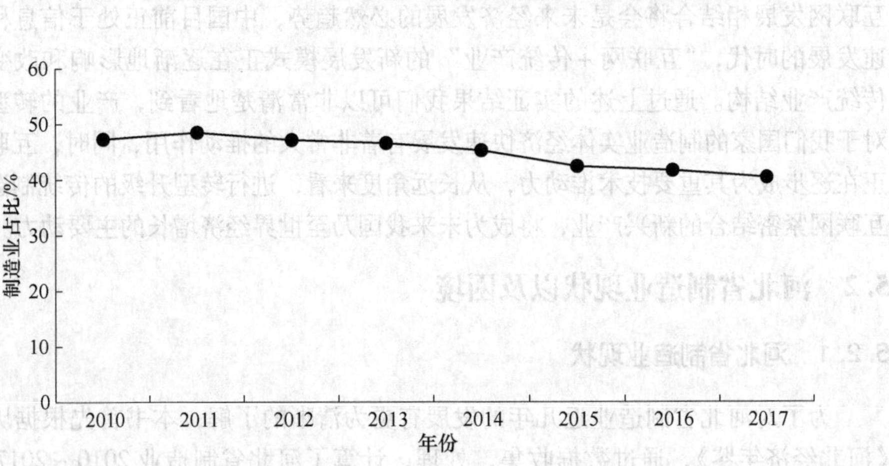

图5-2 河北省2010～2017年制造业在GDP中所占比重

河北省在 2010 年生产总值为 20494.19 亿元，其中制造业工业增加值为 9627.91 亿元，制造业占 GDP 的比重为 47.3%，接近 GDP 一半的份额。在之后的四年中，处于稳步增长形势。在 2014 年，河北省的生产总值近乎以 2010 年的 1.5 倍在增长，达到 29341.22 亿元。与此同时，制造业也是接近以 2010 年的 1.5 倍在增长，达到了 13499.52 亿元，所占比重为 45.31%。不难看出，河北省的生产总值的增长，在一定程度上属于制造业发展所创下的历史功绩。在 2017 年的同时期，河北省的生产总值为 35964 亿元，制造业为 15325.8 亿元，所占比重为 40.4%，一次次不断地刷新纪录。无论通过数据还是图表，都可以看到河北省经济的发展态势。制造业，由于其属于河北省的重要产业，更是在不断地增长。虽然河北省制造业在生产总值的占比出现过上下浮动，但是其所占的比重从未低于过 40%，足以见得制造业在河北省的特殊地位。

通过表 5-7 可知，河北省 2009 年规模以上制造业工业总产值为 24062.76 亿元，其中工业增加值为 8050.04 亿元。在之后的八年里，制造业增速最高为 29.43%。制造业处于下滑状态，在 2012 年，增速下降呈现断崖式下滑，增速仅为 8.44%，即使是一直处于下滑趋势，其 2014 年的工业总产值仍比 2009 年将近翻了一番，达到 47675.9 亿元。在 2015 年、2016 年，甚至出现了负增长现象，出现低迷市场态势。好在到了 2017 年，制造业工业总产值迅速回温，增速迅速上升到 21.18%，总产值达到了 54000 亿元。通过图 5-3 可以非常明显地看出 2011 ~ 2015 年规模以上制造业工业总产值和其增加值的增速一直处于快速下降的态势，在 2015 年降到了最低的水平，这与河北省互联网的普及与发展也不无相关。毕竟，目前河北省的制造业对市场需求和所处大环境的反应十分敏感。随着互联网的不断普及和深度综合利用，使得河北省制造业起死回生，到 2017 年创造了历史纪录，这都足以证明，河北省的制造业发展迅猛。

表 5-7　2009 ~ 2017 年河北省规模以上制造业工业总值、工业增加值及增速

年　份	规模以上制造业工业总产值/亿元	增速/%	规模以上制造业工业增加值/亿元	增速/%
2009	24062.76		8050.04	
2010	31143.3	29.43	9627.91	19.60
2011	39698.8	27.47	11873.88	23.33
2012	43048.6515	8.44	12639.84	6.45
2013	46316.66	7.59	13347.21	5.60
2014	47675.9	2.93	13499.52	1.14
2015	46046.4486	-3.42	12806.5	-5.13
2016	44562	-3.22	13387.46	4.54
2017	54000	21.18	15325.8	14.48

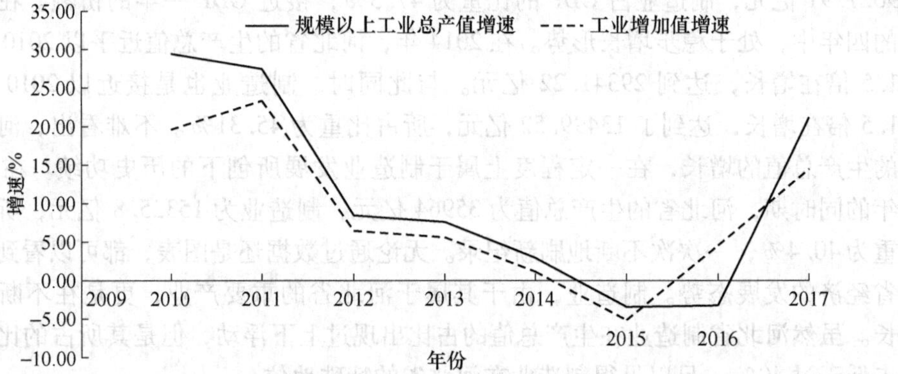

图 5-3 2009~2017 年规模以上制造业工业总产值和工业增加值增速对比

5.2.2 河北省传统制造业进行转型升级的困境

5.2.2.1 研发投入比例低，自主创新不足

目前，河北省大多数的企业虽然具有创新意识，也一致认同创新所带来的收益，但仍对自主创新抱以观望态度。政府纵使出台优惠政策促进企业创新，但多数企业对这些兴致不高，保持务实观点，关心利益问题。虽然有的企业进行创新，但本质只是模仿，创新层次较低，目的仍是追求利润最大化。大部分企业没有自己的创新激励机制，同时人才缺乏在一定程度上限制了企业的创新能力。企业各种层次人才不足，导致产品开发、创新能力较弱，新颖大胆的想法、创新突破的项目无法实施。2009~2016 年世界各国及我国河北省 R&D 经费支出占 GDP 的比重见表 5-8 和表 5-9。

表 5-8 2009~2016 年的国家 R&D 经费支出占全国 GDP 的比重 (%)

国家	2009 年	2010 年	2011 年	2012 年	2013 年	2014 年	2015 年	2016 年
中国	1.66	1.71	1.78	1.91	1.99	2.02	2.06	2.11
美国	2.82	2.74	2.77	2.71	2.74	2.76	2.74	2.74
日本	3.36	3.25	3.38	3.34	3.48	3.59	3.28	3.14
英国	1.70	1.68	1.68	1.61	1.66	1.68	1.67	1.69
法国	2.21	2.18	2.19	2.23	2.24	2.24	2.27	2.25
德国	2.73	2.71	2.80	2.87	2.82	2.89	2.92	2.93
加拿大	1.92	1.84	1.80	1.79	1.68	1.60	1.65	1.60
意大利	1.22	1.22	1.21	1.27	1.31	1.38	1.34	1.29

续表 5-8

国家	2009 年	2010 年	2011 年	2012 年	2013 年	2014 年	2015 年	2016 年
瑞典	3.45	3.22	3.25	3.28	3.31	3.15	3.27	3.25
土耳其	0.85	0.84	0.86	0.92	0.94	1.01	0.88	0.94
奥地利	2.61	2.74	2.68	2.93	2.97	3.06	3.05	3.09
比利时	1.99	2.05	2.16	2.36	2.44	2.46	2.47	2.49
捷克	1.30	1.34	1.56	1.78	1.90	1.97	1.93	1.68
丹麦	3.06	2.92	2.94	2.98	2.97	2.92	2.96	2.87
芬兰	3.75	3.73	3.64	3.42	3.29	3.17	2.90	2.75
希腊	0.63	0.60	0.67	0.70	0.81	0.84	0.97	1.01
爱尔兰	1.61	1.60	1.54	1.56	1.56	1.51	1.20	1.18
墨西哥	0.52	0.54	0.52	0.49	0.50	0.54	0.52	0.49
荷兰	1.69	1.72	1.90	1.94	1.95	2.00	2.00	2.03
挪威	1.72	1.65	1.63	1.62	1.65	1.72	1.93	2.03
葡萄牙	1.58	1.53	1.46	1.38	1.33	1.29	1.24	1.27
西班牙	1.35	1.35	1.33	1.29	1.27	1.24	1.22	1.19
韩国	3.29	3.47	3.74	4.03	4.15	4.29	4.22	4.23
匈牙利	1.14	1.15	1.19	1.27	1.39	1.36	1.36	1.21
波兰	0.66	0.72	0.75	0.88	0.87	0.94	1.00	0.97
俄罗斯	1.17	1.06	1.02	1.05	1.06	1.09	1.10	1.10
印度	0.83	0.82	0.85	0.92	0.91	0.82	0.70	0.69

表 5-9 2009～2016 年的河北省 R&D 经费支出及其占省 GDP 的比重

年 份	R&D 经费内部支出/万元	比重/%
2009	1348446	0.78
2010	1554487.8	0.76
2011	2013377	0.82
2012	2457669.7	0.92
2013	2825277.9	1.00
2014	3130881	1.06
2015	3521443.9	1.18
2016	3834273.8	1.20

通过表 5-8，可以很清楚地看到，中国 2009 年的 R&D 经费支出占 GDP 的比重仅为 1.66%，随后几年一直保持逐步增加，2014 年 R&D 经费支出占比首次突

破到2.02%，2016年达到2.11%。以2016年度统计数据来看，韩国遥遥领先，高达4.23%，瑞典、日本、奥地利，分别为3.25%、3.14%、3.09%，而中国河北省仅仅为1.20%。相关数据表明，一个经济体要以科技创新驱动经济增长，其R&D经费支出占比需在3%以上。而河北省的占比相差甚远，因此拥有很大的进步空间。

5.2.2.2 所处价值链位置阻碍制造业转型升级

河北省制造业的生存和发展优势，就是其拥有丰富的劳动力和相对充足的资金，但是在生产技术和设备方面相对匮乏。并且河北省的劳动力整体素质不高，因此在自主研发设计产品方面根本没有人才和技术的支撑，进而直接导致了河北省制造产业只能长期处在技术含量低的产品加工和制造环节，进一步严重阻碍了相关产业的转型和升级。由于河北省制造业所处的产品定位，导致产品的市场竞争力明显不足，产品质量也无法得到保证，产品的核心技术不强，企业的自主研发能力不足，创新能力不够，同时还缺少品牌效应，因此无论在国内还是国外，都没有得到认可。

5.2.2.3 转型升级的相关制度供给不足

制度的不规范和不完善不利于促进传统产业的转型和升级。目前关于各类知识产权方面的法律保护意识比较淡薄，相关的知识产权法律制度不是很完善，对产权保护力度也不足，使得产业的转型和升级缺乏较强推动力。传统产业向高附加值产业或是知识技术密集型等类型的产业升级，需要对相关产权进行重点保护，而大部分企业往往不愿意自己去承担转型升级所带来的责任和风险，而是通过模仿其他相关制造企业的制造方式去谋求生存和发展。

政府的基本职能定位和干部的考核制度不利于推进产业转型和升级。目前，我国政府的基本职责是为广大人民群众服务，对于干部的考核应该侧重服务能力、绩效的考核。但目前政府主抓经济和社会工作，对于干部的考核主要侧重财政收入等方面。因此，这也导致了政府对政绩贡献不明显且风险责任大的产业转型升级的重视度和关注度都不够。

财税和金融对于产业转型升级的支持力度明显不足。产业的转型升级，需要进行大规模投入，存在一定的责任和风险，仅靠那些企业和资本市场的自发融资行为远远不够，还需要政府的引导和支持。政府鼓励支持产业转型升级最有效的手段之一便是财税金融政策。但目前相关财税金融政策不够完善，缺乏可实施性，政策的落实没有保证，导致企业产业转型升级存在诸多困难。

5.3 “互联网+”视角下对制造业转型升级的路径分析

河北省制造业产业转型路径示意图如图5-4所示。

本部分从制造业的前、中、后端三个维度上重点论述“互联网+”对河北

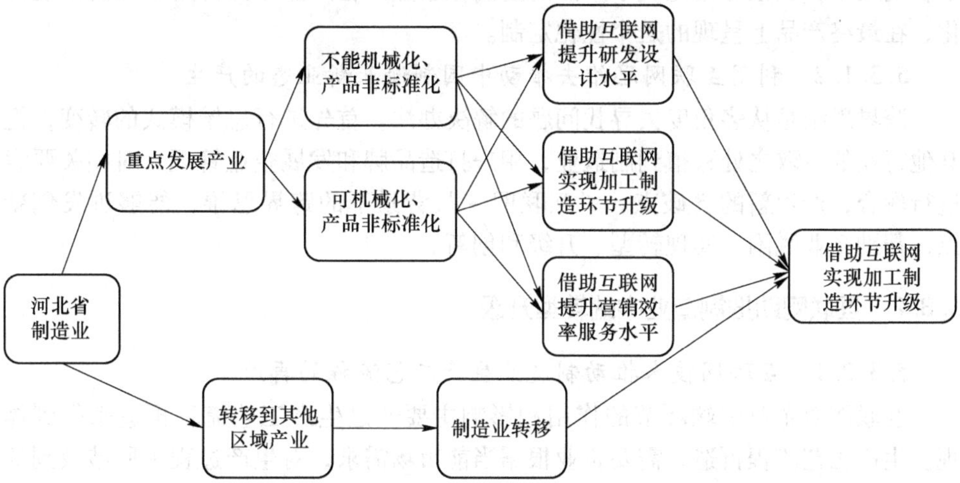

图5-4 河北省制造业产业转型路径示意图

省制造业的推动作用，进而深入探讨如何有效地促进河北省制造业的转型和升级。

5.3.1 互联网推动制造业前端转型升级

5.3.1.1 互联网推动用户参与前端的研发设计

C2B模式下，在产品的开发和设计阶段，通过互联网邀请用户参与到产品的各个环节中来。随着互联网的发展，制造商、销售方以及购买方，三方沟通方便快捷，成本低廉，并且目前物流行业十分成熟，支付手段多样便捷，解决了之前存在的诸多问题。

在此模式中，产品的定价唯一，销售的渠道透明公开，保证了产品为官方正品，价格的构成合理。在各种类型产品的原材料价格不断上升的形势下，利用这种模式企业可以大大地缩减成本并且扩大市场的份额，从而可以在一定程度上推动企业进行转变结构。这种模式可以使消费者有更加多样化的需求，可以通过相关网站交易平台发布相关需求的信息，因此消费者可以不再去寻找厂商，也不用再和那么多的商家进行议价。消费者只需给定可以承受的价格和所需数量，商家进行报价，消费者可从中自由选取卖家来交易。这种新型的平台交易方式，省去诸多中间环节，节约了交易成本。

欧派是率先成功开启个性化产品定制模式的业内企业。欧派一直致力于研究怎样更好地平衡消费者个性化需求、产品的规模化、标准化生产。通过对市场调研与数据分析，对消费者的个性化需求进行分类，依据功能需求，色彩搭配需求等方面，采用模块组合的生产方式，满足客户的各种个性化需求，既有效地节省了各类成本，也很好地完成了产品的定制化服务。在产品零部件所展现的是规模化，在最终产品上呈现的是个性化定制。

5.3.1.2 利用互联网思维去推动中国制造业新业态的产生

跨界思维是从多角度去寻找问题的解决办法。首先进行思维模式的转变，把其他行业的可取之处移植到制造业，用来打造品牌和发展企业管理，对相关要素进行融合，产生新的突破点。“互联网+”背景下的跨界思维，能够迸发创新点，帮助企业脱困，实现转型、升级和创新。

5.3.2 互联网助推制造业中端转型升级

5.3.2.1 互联网技术推动制造业生产工艺流程的再造

互联网对企业中端环节的作用和影响主要通过生产工艺流程再造来得到体现。生产工艺流程再造，需要企业根据当前市场需求，对生产过程中所涉及到的环节和资源进行重新规划和布局，从而真正达到用最少的生产时间、最低的成本和价格，为用户提供高质量产品，这就需要采取相应的措施。首先，把最终产品制造过程所涉及环节中的参与者进行职能调整和重组，都要以满足市场需求为导向。其次，最优的最终产品必须是信息、资源以及能量三者的有机结合。利用互联网技术去构建集成制造系统，把各个部门联系起来，优化完善流程和缩短生产制造周期，低消耗高效率，同时保证最终产品质量。最后就是采用新的生产技术和加工手段，利用新的方式方法达到降低成本、适应市场变化的目的。

5.3.2.2 互联网相关技术提高信息化管理水平

互联网的进步与发展改变了当今人们对数字化信息的传递和获取方式。现在，人们可以利用互联网及其先进的技术和设备，智能获取所需的信息。随着互联网应用的普及，改变了对信息采集和存储的方式，提高了对信息处理的准确性和效率，同时也极大地改变了信息的传递方式。

5.3.3 互联网推动制造业后端提高效率和水平

5.3.3.1 互联网推动O2O模式

互联网时代的销售优势在于可以掌握最大化的信息传播和渠道。随着互联网的普及和发展，传统的实体经济与网络虚拟经济之间可以通过全新的O2O销售模式去实现完美的深度融合。同时O2O也被认为是我国传统制造产业转型和升级的另一重要突破口。线上店铺信息全面，交易便捷，线上线下O2O模式可以进一步满足消费者的需求。

5.3.3.2 互联网推动大数据平台

大数据，通过对互联网的深层次综合利用，以云计算等多种创新技术作为支撑，使许多之前人们原本很难及时截取收集、处理和利用的海量数据更容易被人们整理和进一步利用。随着产业的不断创新，互联网技术不断地发展和进步，大数据会进一步为社会经济发展创造更多的价值。

5.4 政策建议

5.4.1 借助互联网发展电子商务

制造产业作为河北省经济方面的重要支撑，理应成为互联网经济的关键力量。就目前而言，传统制造业需要在多个方面进行优化改进，例如提高生产效率、拓宽用户团体、创新经营管理方式等。当前互联网相关技术和应用的发展日益完善，为制造业的管理模式创新提供新的可能。产业管理水平的提高、管理模式的不断创新优化，可以进一步降低生产成本，减少流通成本，进而加快销售速度，最后达到增加收益的目的。与此同时，庞大的物流平台为制造业的转型升级以及电子商务网络经济提供了便利。首先，制造业中相对成熟的物流平台足够支持其成为电子商务，其次，制造业企业对行业生产、经营以及管理等环节的运作方式非常熟悉，因此可以很好地掌握对电子商务平台的运作。再次，电子商务平台运营成本低，制造业与其结合可以降低成本，从而提高收益。最后，制造业的产业链较长，不仅是经济全球化，制造业全球化也是趋势和潮流，在新的环境下，如何与国际接轨是值得制造业所思考的。

5.4.2 借助互联网推进制造业与服务业融合

制造业是生产性服务业的基础和支柱，而其中河北省作为制造业大省更应该充分利用其所具有的优势，按照市场需求目标和导向对生产性服务业的发展进行进一步的推进。当前，制造业全球化已成为主流，随之而来的是企业服务外部化趋势也越来越深入。河北省需要加大对 R&D 的投入，推动河北省制造业产业向信息化、智能化、服务化方向发展，建立企业创新体系，提高产品质量、技术含量以及服务质量，利用研发设计、信息技术等服务业推动产业转型升级，最终带动相关制造业和服务业的发展。河北省应该围绕制造业产业集群去延伸产业链以及增加研发创新路径，从而达到不断提高核心竞争力、提高在国际中的地位的目的。

5.4.3 借助互联网思维营造互联网生态

互联网思维对我们的影响，不仅是在思想层面上，还有在实践层面上。互联网拥有与时俱进、时时创新、用户群体指数增长的特性。无论是政府或是企业，及时根据市民或者用户的反馈情况对自身进行检测，可以给主体带来外部压力，从而可以促进其本身进行改善。其次对主要矛盾进行重点的突破。政府或者企业需要针对某一点进行集中改进，实现突破，达到满足市民或者用户需求的目的。

互联网是虚拟的，不能满足用户需求的多样性，需将线上线下虚实结合，双方利用各自优点进行互补。政府或企业可以效仿，将现实中的管理机制与虚拟空间结合起来，及时与人民或用户进行沟通，发现自身不足并改进。目前，各大社交媒体、网络平台主导着信息走向，形成了典型的互联网思维。企业也可以充分利用手机微信的朋友圈、小程序、公众号等功能，微博的大V、热搜，亦或是B站大up主的影响力，把相关信息传递给其粉丝，再由粉丝传播给需求用户，通过人与人相互传递，一传十，十传百，实现信息的全覆盖。

5.4.4 借助互联网大数据改造制造业

大数据通过整合各类产业和系统等方面来影响制造业。利用大数据，分析预测产品的需求和供给、了解设备相关指标，更好地为消费者和企业提供技术支持和信息服务，并通过这三个关键方面来改善和提高制造业的生产性能。通过这个深度分析数据的平台，利用机器对设备和产品进行质检和生产过程追踪，精简工作流程。同时，企业通过数据分析来制订订单，找到对各个环节流程和资源影响最小的方案进行生产。因此，企业可以凭借大数据平台，选择最有可能带来利润的产品进行投入生产。

6 石家庄市制造业破坏性创新能力研究

6.1 制造业破坏性创新能力评价体系构建

6.1.1 构建制造业破坏性创新能力评价体系的必要性

对创新能力评价体系相关文献进行梳理，《欧洲创新记分牌》是其中最为典型的代表之一。在创新计分评价中包含一级指标 4 个，分别是创新的框架、投资、活动和影响指标；包含 10 个二级指标，分别是人力资源、研究系统、创新环境、财政支持、企业投资、创新企业、联系、知识产权、就业影响和销售影响；以及 25 个三级指标，并且根据不同的研究对象在持续调整指标体系。另一个具有代表性的评价体系是由中国科学技术发展战略研究院制订的，评价体系中含有 5 个一级指标，分别是创新资源、创新绩效和创新环境三个创新特征指标，和知识、企业创造两个外部创新指标；除此之外，又划分为 33 个二级指标。此外，还有很多国内学者有着不同的研究成果，但大多构建出的评价体系都包含两个指标级别，例如，魏江、郭斌及徐庆瑞（1995）通过对企业人员的调查和访问，构建的指标体系包含 4 个一级指标（R&D 能力、市场营销能力、资金能力以及生产能力）和 13 个二级指标；段婕及刘勇（2011）针对我国装备制造业的技术创新能力构建的指标体系包含 4 个一级指标，分别是投入和保障能力、吸收和产出能力，以及 16 个二级指标。

通过以上对经典创新能力评价体系的梳理可知，现有的创新能力评价指标体系多侧重于技术创新和创新的投入产出绩效评价，并没有结合破坏性创新理论，其评价的过程中不能体现出破坏性创新的演化特征，因此并不适合对石家庄市制造业的破坏性创新能力进行研究。破坏性创新能力评价体系是结合破坏性创新定义与评价对象实际情况后，所设计的评价体系，与当前学者所设计的技术创新能力评价体系有着较大的不同。此外，在研究过程中，针对不同的研究对象会有不同的评价体系，目前仍没有公认的以制造业为研究对象所构建的破坏性创新能力评价体系。结合第二章对破坏性创新相关概念的梳理，发现破坏性创新较技术创新而言，更侧重于从过程、技术、产品、商业模式和市场五个层面进行综合分析，也更能反映“互联网 +”“大数据”等新技术和概念的引入所带来的破坏性创新特征。综上，与其他创新能力评价体系相比，构建制造业破坏性创新能力评价体系有以下几点优势：

（1）指标更符合破坏性创新特点。现有的创新评价体系，其一、二级指标在选取过程中多参照熊彼特的创新理论，没有对指标进一步细分使其更符合某一类型的创新评价。本书的目的是构建出符合破坏性创新定义的评价指标，来评价石家庄市制造业的破坏性创新能力，因此，在指标选取过程中严格按照定义内容进行筛选，使得所选指标更符合破坏性创新的特点。

（2）评价内容更加系统。本部分研究重新对破坏性创新的概念进行了界定，使其研究角度更加系统，深入到开展破坏性创新的各个环节，包含市场、过程、技术、产品和商业模式五个内容的综合评价，全方位地衡量破坏性创新能力，使得最终结果能够体现系统性和整体性。

（3）评价系统适用性更强。现有的创新评价指标体系多以国家或省份视角进行构建，并不能体现出制造业的产业特点，套用现有评价体系而不做变更，很可能得到的结果并不适用于制造业产业实际情况。而本部分研究旨在构建出既适用于宏观产业研究的破坏性创新能力评价体系，也能够适用于某一行业，特别是制造业的破坏性创新评价。

由此可以发现，与现有的创新评价指标体系相比，构建破坏性创新能力评价体系更能够反映某一产业的破坏性创新现状，特别是对石家庄市制造业破坏性创新能力进行科学评价，就需要结合破坏性创新的相关概念和石家庄本地制造业的发展现状。因此，充分考虑破坏性创新特征以及石家庄制造业地域特色，构建适用于石家庄市制造业破坏性创新能力的评价指标体系就十分必要了。

6.1.2 破坏性创新能力评价指标选取原则

评价指标的选取是一个综合考量的过程，不同的评价指标可能会带来截然不同的评价结果，但在指标选取过程中，往往有多种选取办法和组合，为了挑选出适合评价对象特点和评价目的的关键指标，就必须遵循一定的原则，让指标的选择更加科学合理，使评价结果能够更客观地反映评价对象的真实情况。结合制造业和破坏性创新的特点，在选取破坏性创新能力指标时，应遵循以下原则：

（1）目的性原则。针对不同的评价目的，就会有不同的评价指标。本部分研究的目的是为了评价制造业的破坏性创新能力，则应该针对破坏性创新的具体特征进行关键指标的组合和筛选。如果在选取过程中偏离了研究的最初目的，虽然根据选取的指标进行评价后也能得到有一定参考价值的结果，但最终结果并不能与本部分研究的中心思想契合，不能很好地支撑最终的研究结论。因此，强目的性是指标筛选过程中的首要原则，也应该贯穿整个研究过程。

（2）整体性原则。根据破坏性创新相关概念的梳理，开展破坏性创新遵循一定的演化特征，可以过程、技术、产品、商业模式、市场五个层面进行分析，因此在评价指标选取过程不但要考虑某个环节的影响，也要考虑评价体系的整体框架是否符合制造业行业整体的破坏性创新特征。只有从整体的角度去选择评价指标，才能充分研究制造业破坏性创新各个层面的能力分布，如果只是片面地从某个层面去评价，其结果并不能完全代表制造业各行业的整体破坏性创新特征。

（3）科学性原则。在指标选取过程中，不仅要遵循强目的性原则和整体性原则，还要遵循科学性原则，这样评价得出的结果才真实可信。保证科学性首先要明确各个指标的定义，合理地设置指标体系的层级和结构。其次，要确保获取的指标是可以量化的，且数据真实可靠，尽量避免一些不合理的定性指标和包含强烈主观性的定量指标，规避人为因素带来的影响，保证最终评价指标选取的有效性。做到指标的准确和有效，这样就保证了评价的科学性。

（4）可操作性原则。指标选取的最终目的是对研究对象的综合评价，而选取的指标所对应的数据无法获得或严重缺失，都会造成后续评价工作的难以为继。另一方面，评价的方法能够通过对应的程序或软件执行，若无法编写或使用相关软件，则后续评价研究则无法进行。因此，开展破坏性创新能力评价研究需要在保障指标对应数据可获取的条件下，也要保障评价方法的顺利实现。

6.1.3 破坏性创新能力评价指标体系的构建方法

通常是先确定评价目的，然后再依据评价目的设计专属的评价指标体系，不同评价目的，有着不同的指标构建方法，常用的构建指标体系方法有以下几种：

（1）综合法。根据评价目标搜集大量的相关文献，梳理该领域专家学者的研究成果，并归纳总结出已有的评价指标，通过分析指标在文献中出现的频率，挑选出具有代表性的指标构成新的评价指标体系。这种方法被广大学者经常使用，因为在现有理论研究成果中抽取的部分指标往往拥有较高的可信度和理论基础。但这种评价方法不仅需要耗费大量的时间和精力去搜集文献并整理指标，而且应用在新型领域时，往往会遇到现有指标并不能满足评价对象新特征等一系列问题，其通常应用于对现有评价指标的进一步解释和完善。

（2）属性分组法。指标有不同的属性，先根据不同属性进行分组，再从不同小组中挑选出关键指标，最终构建出一个较为全面系统的评价指标体系。其常见的指标属性分组方式有：动态指标和静态指标、相对指标和绝对指标，或按照指标的单位不同进行分组。指标属性分组法能够将诸多属性各异的指标分到不同的组中，同组中类似属性的指标可能具有类似的变化特征，这样可避免挑选重复的关键指标，最终构建出一个较为全面、涵盖各种属性的评价指标体系。但分组依据不同，最终构建出的评价体系也不同，在分组过程中很可能出现因标准不同而分错组的现象，最终导致结果出现偏差。此外，同一指标可能会有多重属性，出现在多个分组中，造成评价体系的紊乱。

（3）目标层次法。目标层次法具有很强的目的性，首先从评价的目的出发，确定评价目标层，再根据不同目标层的选取定义不同，将目标层细分为更细的目标，即准则层，每个准则层可再进一步细分，直到构成完整的评价指标体系。目标层次法适用于较为复杂的评价过程中，实用性较强，且在构建过程中不易偏离最终研究目的，利用最终评价结果，能够对评价对象各个层面都有一个较为明确的认识。

制造业破坏性创新能力体现在整个经营生产过程的方方面面，需要对生产经营过程中的各项破坏性创新特征进行综合考量，利用目标层次法的特性，可以将破坏性创新能力进行分层，并进一步细分成不同的指标，这种方式可以将纷繁复杂的破坏性创新能力变得简单明了。因此，选用目标层次法能够科学合理地构建出制造业破坏性创新能力评价指标体系。

6.1.4 制造业破坏性创新能力评价指标体系建立

搜集整理有关破坏性创新评价体系研究的相关文献，发现已有部分研究成果。其中，田红云教授将评价体系分为了两个方面，第一个方面是针对制造业创新破坏性特征的，在这一方面又分为了三个不同层次：第一是技术层次，包含新产品销售收入、新产品销售收入占行业产品销售收入的比重、专利数量三个二级指标；第二是需求层次，包含产品销售收入环比发展速度这一二级指标；第三是市场结构层次，包含集中度的年度方差、大中型企业数量年度方差两个二级指标。另一方面则是针对制造业创新能力评价，与一般创新评价指标相同。其他学者也有类似研究，如伍勇等则根据克里斯坦森的破坏性创新理论，从技术和市场两个维度研究破坏性创新对企业绩效的影响；谢福泉等以技术、市场需求和结构三部分作为目标层构建出上海制造业的行业破坏性特征指标体系，来评价制造业的创新破坏性能力。夏绪梅等运用熵权法，从高新技术产业的创新投入能力、产出能力和结构变化能力三方面进行综合评价。其中，用技术转化经费支出与产品销售收入比率作为技术转化经费投入强度指标来衡量破坏性创新的投入能力；用产业的利润环比增长速度和有效发明专利数，来衡量高新技术产业的破坏性创新产出能力；用新产品销售收入占行业销售收入比重、企业数量年方差、新增固定资产利用率来衡量破坏性创新的结构变化能力。

上述学者构建的破坏性创新评价体系，多将创新破坏性与创新效率分开来评价，并没有体现破坏性创新的演化规律，在评价过程中缺乏对某一行业破坏性创新特征的整体性判断。此外，某一行业开展破坏性创新，是市场、过程、技术、产品和商业模式这五个环节共同促进的结果，而现有的破坏性创新指标体系无法体现这一协同过程。因此，本部分研究探索性地结合第二章对相关概念及理论的论述，从市场、过程、技术、产品、商业模式五个层面构建制造业破坏性创新能力评价指标体系，初步将制造业破坏性创新能力分为5个一级指标、21个二级指标，具体能力指标选取如下：

6.1.4.1 市场破坏性创新能力指标选取

（1）工业销售产值环比增长速度。销售产值能够客观反映出某一行业的市场实际需求，根据经济学规律，市场的需求越高，则对应产品的销售量就越大，因此，工业销售产值的变化能够代表整体市场中消费者实际需求的变化，其环比增长速度越快，则表明该行业生产产品的市场需求在迅速扩张，该行业的市场规模变大，由破坏性创新引致的概率越大。

（2）工业企业数量年度方差。该指标也能反映某一行业在制造业市场中的结构变化情况，某一行业的市场进入和退出频率越频繁，则该行业的市场结构变化越剧烈，对应的年度方差就越大。在结构变动中，市场中的新进入者逐渐占据主体地位，甚至对在位企业进行驱逐，发生这一变化很可能是破坏性创新造成的。

（3）行业集中度的年度方差。用工业总产值占比年度方差来计算，该指标反映某一行业在整个制造业市场中的结构变化情况，年度方差越大则说明该行业在制造业产业中的市场占比发生剧烈波动，不断地发生市场结构调整，而这种变化可能是受政治、经济、环境等多种因素的共同影响，市场结构调整得越频繁，该行业内企业开展破坏性创新的概率越大。

6.1.4.2 过程破坏性创新能力指标选取

（1）科研人员占比。某一行业的科研人员与该行业全部在职人员的比例，能够直观体现出该行业的研发软实力，特别是在生产经营过程中，科研人员的意见直接左右生产工艺的改进，其在生产、加工、销售等各个环节优化监管中也发挥着举足轻重的作用。因此，某行业的科研人员占比是反映其管理模式的指标之一，科研人员比例越高，则该行业内开展破坏性创新的人力基础越深厚。

（2）管理费用变动速率。管理费用是指制造业规模以上工业企业行政管理部门和管理生产经营活动所产生的一系列费用，其变动速率代表破坏性创新对行政管理和生产经营管理的影响大小，其速率越大，则说明该企业管理类活动发生破坏性创新的概率越高，对原有管理模式的破坏性越强；反之，则企业管理活动变化性小，维持或稳定原有的管理模式可能性大。其计算公式为：

$$C_{11} = \frac{|MF_i - MF_j|}{MF_j} \times 100\% \tag{6-1}$$

式中，MF_i 为当前时期规模以上工业企业管理费用；MF_j 为上一时期规模以上工业企业管理费用，分子取绝对值用来研究管理费用变动的绝对值。

（3）财务费用变动速率。财务费用是指石家庄市制造业规模以上企业为筹集企业生产经营活动所需资金而产生的一系列费用，其变动速率代表破坏性创新对生产经营过程中的融资费用的影响大小，变动速率越大，则在生产经营活动中的资金筹集活动发生破坏性创新的概率越高，对原有生产经营融资活动模式的破坏性越强；反之，企业在生产经营活动中的资金投入变化不大，维持现有资金投入的可能性较大。其计算公式为：

$$C_{12} = \frac{|FC_i - FC_j|}{FC_j} \times 100\% \tag{6-2}$$

式中，FC_i 为当前时期规模以上工业企业财务费用；FC_j 为上一时期规模以上工业企业财务费用，分子取绝对值用来研究财务费用变动的绝对值。

（4）流动比率。是指该行业流动资产合计占全部流动负债的比例。企业在筹集资金的过程中会产生高额的负债，且大多属于短期借款，而流动资产的变现能力较强，其流动比率越高，则说明在短期借款到期之前能够通过流动资产变现偿还全部债务的可能性越高。一方面，企业筹集资金的过程中，贷款机构会根据流动比率大小决定是否贷款给企业；另一方面，流动比率高的企业，资金的循环状态良好。因此，流动比率越高的企业，资金状态良好，更有能力迎接破坏性创新的冲击，或能够贷到足够的资金用于开展破坏性创新。

6.1.4.3 技术破坏性创新能力指标选取

（1）政府投入。政府对某一行业的支持不仅体现在政策方面的倾斜，也体现在对某行业的资金投入。制造业企业开展研发活动中，政府的投入不仅能够缓解企业内部资金流动压力，增加企业可用于研发的项目资金，而且政府在投入资金的过程中往往代表着政府相关政策的倾向，能够吸引更多的人才加入到该行业的技术研发中，同时，该技术研发成果很可能得到政府的快速推广。因此，政府投入越多，则相关政策导向性越强，该行业更易于产生破坏性创新技术成果和引进破坏性创新研究人才，其技术破坏性创新能力就越强。

（2）企业投入。企业对自身创新研发活动的支持可能受多个因素影响，其自身研发投入越多，则说明公司战略倾向于对原有生产、经营、管理模式等进行升级改造，从而激发公司发展活力。因此，企业 R&D 支出越多，则企业内部对破坏性创新的诉求越高，更利于破坏性创新理念在各个环节的渗透，投入越多，科研成果会越发显著；反之，则企业内部对创新依赖性不强，维持原有模式的可能性大。

（3）技术改造经费支出。技术改造经费常常用于企业自身对生产各个领域的技术改造，包含新工艺替代旧工艺、新技术替代旧技术、新设备替代旧设备等。其支出越高，则说明行业内企业越有信心接受采用新工艺、新技术带来风险损失，越支持开展技术破坏性创新，其技术破坏性创新能力就越强。

（4）技术研发人员投入。某个行业的技术研发人员是该行业开展技术研发的核心，也是开展技术破坏性创新的重要支撑。技术研发人员依据市场中消费者的差异化需求，设计出一条与主流市场技术轨道完全不同的新轨迹，使得后续的新产品生产成为了可能。因此，技术研发人员是开展破坏性创新的前提条件，其投入人员越多，该行业越有实力完成新的技术研发，技术破坏性创新能力越强。

（5）有效发明专利数。有效专利一般指专利得到授权后，在统计期内仍处于有效状态的专利，对有效专利的统计能够直接反映某个行业企业的技术创新成果，且有效专利对原有的生产产品、方法和经营模式都有直接的影响。有效发明专利数越多，则说明发生技术破坏性创新的概率越大；反之，则间接说明较少技术创新成果能够应用于企业创新过程当中。

6.1.4.4 产品破坏性创新能力指标选取

（1）新产品开发经费支出。用于开发新产品的经费越多，说明企业对新产品的重视程度越高，侧面也反映出企业的产品战略越侧重破坏性创新；反之，则对新产品重视不足，企业发展不依赖新产品，发生破坏性创新的可能越小。

（2）新产品开发项目数。新产品开发项目数越多，则说明该行业中技术研发空间越丰富，不同的项目有着不同的研究目的，可能产出更具差异化的新产品，从而促进整体行业的产品破坏性创新能力的提升。

（3）新产品产值/新产品开发经费支出。某一行业新产品的总产值能够代表新技术的实际产出，其与用于新产品开发的经费占比，可以客观地反映出该行业内破坏性创新技术的投入产出效率，其比例越高，则说明新技术转化为新产品的可能性越大，其产品中具备的新技术成分越多，从而说明了该行业的产品破坏性创新能力越强。

（4）新产品销售收入/工业销售产值。新产品定义中表明，只要产品在功能或形态上发生改变并与原来产品产生差异，即可视为新产品。因此新产品的销售收入与工业销售产值的比值，可以直接反映破坏性创新对产品替换率的影响，其比值越高，则产品升级换代速率越高，最终发生产品破坏性创新的可能性就越大。

6.1.4.5 商业模式破坏性创新能力指标选取

（1）互联网贸易普及率。互联网贸易普及率 = 入网商铺企业数量占比/行业入网企业数量占比。互联网电子商务的出现，极大改变了传统制造业企业的业务模式，也是引致破坏性创新的重要因素之一。某一行业的互联网贸易普及率越高，则该行业中越容易发生价值链的重构，其商业模式破坏性创新能力越强。

（2）利润增长率。是否盈利，是判断开展破坏性创新是否成功和延续的标准，只有制造业某一行业内工业企业保持利润的增长，才能说明该行业的盈利模式适合破坏性创新的过程。因此，由于商业模式的调整包含盈利模式的调整，利润能够持续增长，则说明行业的商业模式破坏性创新能力越强。

(3) 成本费用利润率。成本费用利润率=利润总额/主营业务成本。成本费用率通常用于衡量企业对成本的控制能力和管理水平，其成本费用率越高，说明单位成本产出价值越大，内部管理水平越高。而商业模式上的破坏性创新效果越强烈，则对应成本费用控制能力增强，成本费用利润率应越高。

(4) 流动资产周转率。该指标通常用于衡量企业内部对流动资产的使用效率，其周转率越高，则说明企业越有能力利用流动资金创造短期收益，也从侧面反映了企业对短期流动资产的重视程度。从行业角度来看，流动资产周转率能够反映整体行业的商业竞争模式，其周转率越强，企业越重视内部资金的利用效率，对外部影响就越小，其“非竞争”性表现的就越明显。因此，由于商业模式包含竞争模式，行业流动资产周转率越高，则该行业发生商业模式破坏性创新的可能就越大。

(5) 固定资产周转率。固定资产周转率=主营业务收入/固定资产合计。该指标通常用于衡量企业内部对厂房、大型机械设备等固定资产的使用效率，其周转效率越高，则说明企业越有能力充分利用自身的固定资产，提升了固定资产的使用效率，对外部的竞争性表现越弱。同流动资产周转率相似，该指标越高，发生商业模式破坏性创新的可能就越大。

制造业破坏性创新能力指标体系构建见表6-1。

表6-1　制造业破坏性创新能力指标体系构建

目标层	一级指标	二级指标	指标特征
破坏性创新能力	市场破坏性创新能力 C_1	工业销售产值环比增长速度 C_{11}	市场规模
		工业企业数量年度方差 C_{12}	市场结构
		行业集中度的年度方差 C_{13}	
	过程破坏性创新能力 C_2	科研人员占比 C_{21}	管理模式
		管理费用变动速率 C_{22}	
		财务费用变动速率 C_{23}	资金筹集
		流动比率 C_{24}	
	技术破坏性创新能力 C_3	政府投入 C_{31}	技术研发投入
		企业投入 C_{32}	
		技术改造经费投入 C_{33}	
		技术研发人员投入 C_{34}	
		有效发明专利数 C_{35}	技术研发产出
	产品破坏性创新能力 C_4	新产品开发经费支出 C_{41}	新产品开发
		新产品开发项目数 C_{42}	
		新产品产值/新产品开发经费支出 C_{43}	
		新产品销售收入/工业销售产值 C_{44}	新产品推广

续表 6-1

目标层	一级指标	二级指标	指标特征
破坏性创新能力	商业模式破坏性创新能力 C_5	互联网贸易普及率 C_{51}	业务模式
		利润增长率 C_{52}	盈利模式
		成本费用利润率 C_{53}	
		流动资产周转率 C_{54}	竞争模式
		固定资产周转率 C_{55}	

6.1.5 制造业破坏性创新能力评价方法

6.1.5.1 层次分析法

层次分析法最初是为了解决电力分配问题而提出的一种根据层次来决策的方法，后来逐渐应用于经济、计算机等多种学科，逐渐成为一种较为成熟的分析方法。其分析原理是首先将需要解决的复杂问题看作是一个包含多个层次的系统，将总目标进行分解，并根据子目标的实际意义和逻辑关系进行分组，依次排列在系统的各个层次中，整体呈阶梯状分布。然后通过比较同一层次和分组中的各个子目标重要程度，确定组内各子目标的权重。最后通过加权的方法计算出各个层次目标的综合得分，从而确定整个决策系统中各个目标的优先级。层次分析法为原本无法量化的决策问题带来了新的分析视角，成功地将定量和定性分析同时应用在解决各学科问题当中。本部分研究利用层次分析法进行制造业破坏性创新能力评价的具体步骤如下：

（1）筛选并剔除强相关变量。破坏性创新能力评价指标体系中，指标与指标间可能存在强相关性，这种强相关性不利于决策者对其相对重要性做出合理的判断，影响最终各个指标确定权重的合理性。因此，在开展层次分析之前，需要先对破坏性创新能力指标进行内部相关性分析，对相关性较强的指标进行筛选和剔除。

（2）构建目标层次结构模型。本部分研究中，如图 6-1 所示，目标层次结构模型可分为目标层、准则层、方案层这三个层次，具体是将破坏性创新能力作为第一层决策目标；将市场破坏性创新能力、过程破坏性创新能力、产品破坏性创新能力、技术破坏性创新能力和商业模式破坏性创新能力作为第二层的准则；将各个二级指标按一级指标的不同进行分组，作为目标层次结构模型的方案层。

（3）构建各目标层判断矩阵。根据构建的目标层次结构模型，对处于同一层次的各个子目标以两两比较的方式，判断其相对重要程度，从而构建判断矩阵。本部分研究根据表 6-2 的判断尺度进行重要性判断，最终得到各个目标的判断矩阵。

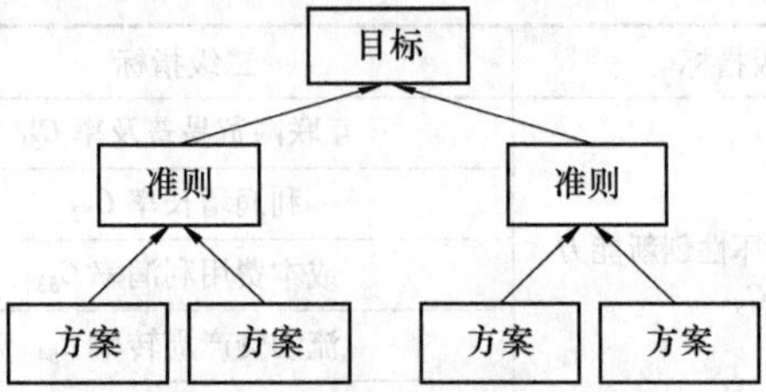

图 6-1　层次结构示意图

表 6-2　子目标比较示意图

判断尺度	定　义
1	A 和 B 同样重要
3	A 比 B 稍微重要
5	A 比 B 重要
7	A 比 B 重要得多
9	A 比 B 绝对重要
2、4、6、8	介于上述两个相邻判断尺度之间
倒数	A 比 B 的重要性为 λ，则 B 比 A 的重要性为 $1/\lambda$

（4）判断矩阵一致性检验。专家在判断各目标重要性的过程中，因比较元素较多，可能会出现判断矩阵中元素重要性自相矛盾的结果，这就要求对专家给出的判断矩阵进行一致性检验，保障判断矩阵中各元素的重要性相对一致。通过引入随机一致性比例 *CR* 作为判断矩阵一致性检验的指标，若其不超过 0.1，则认为判断矩阵通过了一致性检验。其表示为：

$$CR = \frac{\lambda_{\max} - n}{RI \times (n-1)} \quad (n \geqslant 3) \tag{6-3}$$

其中 *RI* 的取值见表 6-3。

表 6-3　*RI* 取值表

n	1	2	3	4	5	6	7	8	9
RI	0.00	0.00	0.52	0.89	1.12	1.26	1.36	1.41	1.46

（5）确定权重。本部分研究通过求和法来计算各个层次目标的权重，首先是将判断矩阵按列进行归一化处理，然后将归一化后的结果按行相加，最后把相加后的结果除以该判断矩阵中的元素个数 *n*，得到最终的权重向量。

（6）计算破坏性创新能力综合得分。根据所得权重向量对破坏性创新能力指标数据进行加权运算，得到制造业破坏性创新能力层次分析评价得分及排名。

6.1.5.2 因子分析法

在对数据进行分析时，为了更好、更科学地评价研究对象，选取的指标要尽可能全面。但选取指标过多时，也会在分析时产生困难。一方面，不同的指标在评价选取时需要赋予不同的权重，但是在分析时，有些指标只能依靠主观进行评价，使得结果会与实际情况产生偏差；另一方面，是收集的指标存在相关性会给分析带来难题。但是因子分析法却能很好地解决这一难题，该方法能够将多个变量扭合成一个因子，通过几个独立的因子来反映整体数据特征。

因子分析法就是利用少数几个因子反映出多数变量代表的信息，在通过因子分析进行制造业破坏性创新能力评价时，基本理论是将制造业破坏性创新能力评价指标中的公共因素提取出来。基本思想是通过确定矩阵的内部联系，利用可以有效控制的小部分便利去描述大部分变量之间的关系。首先是依据相关性的大小把变量进行分组，各个组间相关性不同且较低。因子具备四个特性，特性一是因子分析会减少制造业破坏性创新能力评价的工作量，选取因子的数量远远小于原指标的数量。特性二是选取的因子变量能够代表变量的大部分信息。特性三是因子变量之间的相互关联程度较低。特性四是各个因子变量所代表的信息不重叠。本部分研究使用因子分析来进行制造业破坏性创新能力评价的步骤如下：

（1）原始数据标准化处理。搜集到的原始数据中，各个指标的属性单位不同，会导致后续研究中无法纵向和横向的比较。因此，要对原始数据进行标准化处理，以达到各项指标间可加权计算的目的。本部分研究采用无量纲化处理的方式对数据进行标准化处理，减少各个指标因为不同量级造成对评价的影响。

（2）适度性检验。因子分析要求原始数据间存在一定的相关性。本部分研究通过以下两种方法来检验是否适合做因子分析：第一种是巴特利特球体检验，该方法是先假设相关系数矩阵主对角线是1，其他元素均为0，然后计算巴特利特统计量。如果该统计量伴随概率值小于预先给定的显著性水平 α，则拒绝原假设，认为原始变量之间存在相关性，数据适合作因子分析；反之，若伴随概率值大于预先给定的显著性水平 α，则数据不适宜做因子分析。第二种是 *KMO* 检验，其特点是能够涵盖相关系数矩阵中的全部元素，其数值越小，则表示变量间为弱相关或不相关关系，就越不适合做因子分析。通常认为 *KMO* 值大于 0.5 适合进行因子分析，反之则不能，其计算公式为：

$$KMO = \frac{\sum\sum_{j\neq i} r_{ij}^2}{\sum\sum_{j\neq i} r_{ij}^2 + \sum\sum_{j\neq i} p_{ij}^2} \tag{6-4}$$

（3）提取公因子。通常情况下提取的公因子太多，并不能起到简化系统信息的作用，若提取公因子太少，也不能完全代替原始数据的全部信息。因此对公因子提取数量的选择有以下几种方法：一是选取特征值大于 1 的公因子；二是根据累计方差贡献率，一般认为提取的公因子累计方差要超过 70%，即至少能代

表 70% 的数据信息；三是绘制碎石图，图中以公因子数量作为横轴，以因子的特征值作为纵轴，选取图中折线趋于平稳时对应的公因子数量。本部分研究采用第二种与第三种相结合的方法来确定提取公因子的数量。

（4）因子载荷矩阵的旋转。因子变化较为均匀时，提取的公因子缺乏实际的经济含义，并且难以判断因子间的关系，这就需要对因子进行过载荷矩阵旋转。本部分研究采用正交旋转的方式对因子载荷矩阵进行旋转，具体采用方差最大法来判断是否停止旋转，最终使用旋转过后更为分散的结果，并命名主因子。

（5）计算破坏性创新能力综合得分。将因子分析矩阵作为最终确定的权重系数矩阵 W，并利用公式 $F = BW$，将系数矩阵与各变量标准化后的数据相乘，得到每个公因子的得分，最终依据各个因子的特征值进行加权汇总，得到制造业破坏性创新能力评价综合得分及排名。

6.1.5.3　基于层次分析法和因子分析法的综合评价

在对制造业破坏性创新能力评价过程中，虽然上述两种评价方法都可以计算得到对应的综合得分，但评价结果会存在过于主观和过于客观的两极分化。一般情况下，在层次分析过程中，专家学者根据自身专业知识做出指标重要性的判断，能够使指标权重设定时更符合破坏性创新的理论认知，更能体现出对制造业创新现状的整体看法，因此其评价结果更符合专家团队的心理预期，有较强的经验认知体现在结果中。而在因子分析过程中，指标权重的确定完全取决于原始数据本身，其数据可能并不能完全反映破坏性创新的实际特征和侧重点，只是基于数据结构最客观的判断，因此其评价结果只能体现在原始数据中的客观事实，而忽略数据不能完全反映的实际现象。综上，本部分研究采用层次分析与因子分析相结合的方法，计算最终的加权综合得分，使得评价结果更加科学合理。

具体方法是将层次分析所得制造业各行业破坏性创新能力综合得分设为向量 A，将因子分析所得制造业各行业破坏性创新能力综合得分设为向量 B，根据公式：$S = A \times W + B \times (1 - W)$ 计算出最终的加权得分。式中 W 是指层次分析得分权重，由于本部分研究更倾向于将主观分析结果与客观分析结果平等地结合在一起，因此将 W 赋值为 50%。

6.2　石家庄市制造业破坏性创新能力评价

6.2.1　制造业整体发展情况

据表 6-4 所示，2006 年至 2016 年年间，石家庄市制造业规模以上企业单位数增长率呈现周期性规律，连续增长四年后在第五年开始下降，但整体仍呈现缓慢增长趋势，从 2012 年的 2268 个增长到 2016 年的 2697 个，5 年间增长了 429 个。石家庄市制造业规模以上企业工业总产值增长率逐年放缓，2007 年至 2013 年工业总产值增长率波动较大，2007 年增长率最高达到 29.24%，2012 年增长率最低达到 4.88%，增长具有不稳定性，自 2014 年起增长率连续三年呈现下降趋势。利润总额整体呈现上升趋势，但增速从 2010 年的 34.57%，放缓至 3.23%。

表 6-4　2006 ~ 2016 年石家庄市制造业规模以上企业基本情况及增长率

年份	工业企业单位数	工业企业总产值	利润总额	增长率 1	增长率 2	增长率 3
2016	2697	910567786	77089331	-1.66%	3.90%	3.23%
2015	2651	876381790	74675693	6.51%	4.88%	8.03%
2014	2489	835629568	69127562	2.05%	7.81%	10.53%
2013	2439	775115173	62539495	7.54%	11.24%	16.45%
2012	2268	696810305	53703664	0.98%	4.88%	10.50%
2011	2246	664392861	48602674	-7.91%	29.11%	20.79%
2010	2439	514601447	40237711	5.08%	27.08%	34.57%
2009	2321	404956086	29901433	6.71%	8.17%	26.70%
2008	2175	374372187	23599753	8.91%	25.01%	16.13%
2007	1997	299474072	20321023	0.30%	29.24%	50.50%
2006	1991	231711281	13502136			

石家庄市制造业科研情况可用研发人员、研发经费支出以及发明专利数来整体衡量。根据表 6-5 可知，石家庄市制造业 R&D 人员在 2010 ~ 2011 年期间有较大增幅，高达 34.33%，随后的三年中，平均增长幅度在 10% 以上，整体从 2011 年的 19206 人，增长到 2016 年的 28835 人，6 年时间增长了接近一万人。但制造业研发人员增长率呈现逐年递减的总趋势，2016 年时增长率达到最低，仅为 0.09%，2016 年与 2015 年相比，只增加了 26 人，说明制造业研发人员数量基本稳定，石家庄制造业的科研人员引进和流出处于相对平衡的状态。从研发经费支出角度来分析，经费内部支出从 2010 年起，一直处于稳步提升的状态，从 2011 年的 317793.6 千元增加到 2016 年的 714406.6 千元，实现了制造业研发经费投入的翻一番，但其支出增长率逐年放缓，其经费投入更趋于理性。从发明专利角度分析，发明专利最能体现某个产业的整体科研水平和技术迭代程度，其专利数量逐年增加，且保持着高速率增长态势，2010 年至 2016 年间有两次专利数的暴涨，分别是 2012 年发明专利增长率高达 109.98%、2016 年发明专利增长率高达 62.49%。

表 6-5　2010 ~ 2016 年石家庄市制造业规模以上企业 R&D 基本情况及增长率

年份	R&D 人员合计	R&D 经费内部支出合计/千元	发明专利数	增长率 1	增长率 2	增长率 3
2016	28835	714406.6	3427	0.09%	8.46%	62.49%
2015	28809	658712.2	2109	4.05%	15.11%	37.75%
2014	27687	572251.5	1531	8.65%	15.32%	29.42%

续表 6-5

年份	R&D 人员合计	R&D 经费内部支出合计/千元	发明专利数	增长率 1	增长率 2	增长率 3
2013	25483	496210.4	1183	13.05%	23.78%	27.75%
2012	22542	400895.9	926	17.37%	26.15%	109.98%
2011	19206	317793.6	441	34.33%	88.08%	73.62%
2010	14298	168965.6	254			

据表 6-6 所示，从规模数量角度分析，2016 年石家庄市制造业中规模以上工业企业单位数量排名前三的行业分别是化学原料和化学制品制造业、纺织业和非金属矿物制品业，其中排名第一的有 344 家，第二名有 266 家，第三名有 231 家；从工业总产值角度分析，化学原料和化学制品制造业工业总产值最大，高达 114682431 千元，其次是皮革、毛皮、羽毛及其制品和制鞋业，工业总产值为 100877813 千元。但工业总产值排名靠前的制造业行业的产值利润率并不一定高，产值利润率最高的是仪器仪表制造业，高达 14.23%，其次是医药制造业，达到 12.09%。

表 6-6 2016 年石家庄市制造业行业基本情况

制造业	单位	总产值		产值利润率	
		数值/千元	排名	数值/%	排名
农副食品加工业	175	67088672	4	7.73	25
食品制造业	65	22362044	14	7.73	26
酒、饮料和精制茶制造业	33	11537286	20	9.64	11
烟草制品业	1	5036627	25	5.29	28
纺织业	266	82233239	3	8.05	22
纺织服装、服饰业	63	19844395	15	7.79	24
皮革、毛皮、羽毛及其制品和制鞋业	214	100877813	2	10.47	5
木材加工和木、竹、藤、棕、草制品业	39	14957026	16	10.25	7
家具制造业	32	7865661	23	8.38	19
造纸和纸制品业	45	13881717	18	9.28	13
印刷和记录媒介复制业	50	12254888	19	9.29	12
文教、工美、体育和娱乐用品制造业	31	9306827	22	9.99	9
石油加工、炼焦和核燃料加工业	26	36447944	9	1.72	30
化学原料和化学制品制造业	344	114682431	1	8.32	21
医药制造业	93	55254108	6	12.09	2
化学纤维制造业	26	6162902	24	6.07	27
橡胶和塑料制品业	122	28356261	13	8.94	16

续表6-6

制造业	单位	总产值		产值利润率	
		数值/千元	排名	数值/%	排名
非金属矿物制品业	231	53956399	7	8.33	20
黑色金属冶炼和压延加工业	65	65215763	5	4.69	29
有色金属冶炼和压延加工业	20	3554926	27	10.05	8
金属制品业	135	35134001	10	8.47	18
通用设备制造业	144	33628031	11	7.99	23
专用设备制造业	112	28788935	12	10.81	4
汽车制造业	45	10136930	21	10.33	6
铁路、船舶、航空航天和其他运输设备制造业	17	4683462	26	11.68	3
电气机械和器材制造业	140	47162997	8	9.81	10
计算机、通信和其他电子设备制造业	46	14848972	17	9.23	14
仪器仪表制造业	12	1433017	29	14.23	1
其他制造业	5	1330559	30	9.00	15
废弃资源综合利用业	9	1678064	28	8.73	17
金属制品、机械和设备修理业	1	865889	31	1.13	31

综上，石家庄市制造业整体发展趋于缓慢，工业产值和利润增速逐年降低，部分工业企业退出制造业，石家庄制造业处于发展瓶颈期，需要对制造业指明新的发展方向，从而扭转增长颓势。提升创新能力是扭转经济增速的方法之一，但石家庄市科技研发现状也并不乐观。制造业科研人员投入总数基本不变，这样不利于整体行业的技术水平进步。但可喜的是，制造业工业企业内部研发投入和发明专利数一直处于较快的增长速率，说明石家庄市制造业仍然有较为活跃的创新活动，工业企业仍然重视创新能够带来的积极作用。随后对石家庄制造业具体行业的分析中，总产值高的行业并不具备较高的产值利润率，反而总产值低的行业拥有较高的利润率。换句话说，某些规模较大行业的实际盈利能力差，某些规模较小行业的实际盈利能力强。因此，单纯地从总产值大小决定某行业的实际发展运营状态，会存在一定的偏差，特别是石家庄市制造业工业企业开展创新活动的实际情况需要加入到评价当中，只有全面彻底地了解石家庄制造业各个行业实际的创新发展潜力，才能为政府和企业指明一条扭转现阶段发展颓势的新道路，这就需要对石家庄市制造业各行业进行破坏性创新能力评价。

6.2.2 制造业破坏性创新能力评价应用

6.2.2.1 数据收集及整理

数据的收集与整理是开展石家庄市制造业破坏性创新能力评价的前提和基

础。在数据收集阶段，发现石家庄市制造业行业数据统计较为困难，且其他途径获取数据的可信度较差，因此本部分研究数据主要来源于 2010 ~ 2016 年《石家庄统计年鉴》，以及对应年份《石家庄市国民经济和社会发展统计公报》，使得原始数据的可信度较强。此外，通过利用火车头采集器等数据获取工具，搜索和获取顺企网中石家庄市制造业各行业的企业信息，统计出各制造业行业的入网企业数量以及在线销售店铺数量，为指标体系中互联网贸易普及率计算提供可靠的数据支撑。

在数据整理阶段，将收集到的原始数据进行汇总，以 2016 年为例，共获取 72 个有效基础变量，31 个制造业行业观测值，共 2232 个有效数据。之后，根据第三章中对制造业破坏性创新能力评价指标的描述，分别计算出 3 个市场破坏性创新能力相关指标、4 个过程破坏性创新能力相关指标、5 个技术破坏性创新能力指标、4 个产品破坏性创新能力指标和 5 个商业模式破坏性创新能力指标，共计 21 个可评价变量。其中对工业总产值占比年度方差、工业企业数量年度方差的计算，综合了近 7 年的统计数据，更能反映市场结构长期变化情况。

由于制造业行业名称在本部分研究中反复出现，特将其按照字母数字顺序进行编码，方便研究过程中对行业的描述，编码对照表见表 6-7。

表 6-7　制造业行业具体编码过程

制　造　业	编码	制　造　业	编码
农副食品加工业	A1	橡胶和塑料制品业	A17
食品制造业	A2	非金属矿物制品业	A18
酒、饮料和精制茶制造业	A3	黑色金属冶炼和压延加工业	A19
烟草制品业	A4	有色金属冶炼和压延加工业	A20
纺织业	A5	金属制品业	A21
纺织服装、服饰业	A6	通用设备制造业	A22
皮革、毛皮、羽毛及其制品和制鞋业	A7	专用设备制造业	A23
木材加工和木、竹、藤、棕、草制品业	A8	汽车制造业	A24
家具制造业	A9	铁路、船舶、航空航天和其他运输设备制造业	A25
造纸和纸制品业	A10		
印刷和记录媒介复制业	A11	电气机械和器材制造业	A26
文教、工美、体育和娱乐用品制造业	A12	计算机、通信和其他电子设备制造业	A27
石油加工、炼焦和核燃料加工业	A13	仪器仪表制造业	A28
化学原料和化学制品制造业	A14	其他制造业	A29
医药制造业	A15	废弃资源综合利用业	A30
化学纤维制造业	A16	金属制品、机械和设备修理业	A31

6.2.2.2 层次分析法应用

第3章已对层次分析方法有了详尽描述，现结合收集到的指标数据，使用层次分析法对石家庄市制造业破坏性创新能力进行评价，具体通过以下步骤。

A 筛选并剔除强相关变量

对整理好的原始数据表格中21个变量进行相关性检验，本部分研究采用求皮尔逊相关系数的方法，发现以下几个变量存在较强相关性，见表6-8，剔除C_{32}、C_{34}、C_{42}指标变量后，各指标变量间的相关性得到明显减弱。

表6-8 局部指标相关系数

项 目	C_{32}	C_{33}	C_{34}	C_{35}	C_{41}	C_{42}
C_{32}	1					
C_{33}	0.3622714	1				
C_{34}	0.930959	0.35015072	1			
C_{35}	0.87158308	0.3774655	0.97116526	1		
C_{41}	0.99555885	0.34620079	0.90820239	0.83310051	1	
C_{42}	0.91386844	0.33783815	0.98069514	0.97178208	0.88169958	1

B 建立判断矩阵并检验一致性

本部分研究邀请了破坏性创新研究专家2名、石家庄制造业企业代表2名、产业创新研究专家1名，共5名专家学者。请专家们根据已构建的制造业破坏性创新能力目标层次结构模型，先对准则层的评价指标进行两两比较，得出一级指标的判断矩阵，见表6-9。

表6-9 一级指标层判断矩阵

项 目	C_1	C_2	C_3	C_4	C_5
C_1	1	3	1	4	3
C_2	1/3	1	1/3	1/2	1
C_3	1	3	1	5	4
C_4	1/4	2	1/5	1	3
C_5	1/3	1	1/4	1/3	1

通过计算可得 $\lambda_{\max}=5.2666$，$CI=1$，$CR=CI/RI=0.0595<0.1$，通过一致性检验，并得到5个一级指标权重向量 $w_i=(0.3687,0.3295,0.1335,0.0887,0.0786)^{\mathrm{T}}$。

再邀请专家，对不同准则层的具体方案评价指标进行两两比较，得出每个一级指标下二级指标的判断矩阵，确定各个二级指标的权重，见表6-10～表6-14。

表 6-10　市场破坏性创新能力判断矩阵

项　目	C_{11}	C_{12}	C_{13}
C_{11}	1	2	3
C_{12}	1/2	1	2
C_{13}	1/3	1/2	1

通过计算可得 $\lambda_{max}=3.0092$，$CI=0.3295$，$CR=CI/RI=0.0088<0.1$，通过一致性检验，并得到市场破坏性创新能力指标下的 3 个二级指标权重向量 $w_1=(0.5396, 0.297, 0.1634)^T$。

表 6-11　过程破坏性创新能力判断矩阵

项　目	C_{21}	C_{22}	C_{23}	C_{24}
C_{21}	1	2	2	2
C_{22}	1/2	1	4	3
C_{23}	1/2	1/4	1	1
C_{24}	1/2	1/3	1	1

通过计算可得 $\lambda_{max}=4.2072$，$CI=0.0887$，$CR=CI/RI=0.0776<0.1$，通过一致性检验，并得到过程破坏性创新能力指标下的 4 个二级指标权重向量 $w_2=(0.3841, 0.3495, 0.1297, 0.1367)^T$。

表 6-12　技术破坏性创新能力判断矩阵

项　目	C_{31}	C_{33}	C_{35}
C_{31}	1	1/5	1/7
C_{33}	5	1	1/3
C_{35}	7	3	1

通过计算可得 $\lambda_{max}=3.0649$，$CI=0.3697$，$CR=CI/RI=0.0624<0.1$，通过一致性检验，并得到技术破坏性创新能力指标下的 3 个二级指标权重向量 $w_3=(0.0719, 0.279, 0.6491)^T$。

表 6-13　产品破坏性创新能力判断矩阵

项　目	C_{41}	C_{43}	C_{44}
C_{41}	1	3	5
C_{43}	1/3	1	4
C_{44}	1/5	1/4	1

通过计算可得 $\lambda_{max}=3.0858$，$CI=0.1335$，$CR=CI/RI=0.0825<0.1$，通过一致性检验，并得到产品破坏性创新能力指标下的 3 个二级指标权重向量 $w_4=$

$(0.3841, 0.3495, 0.1297, 0.1367)^T$。

表 6-14 商业模式破坏性创新能力判断矩阵

项 目	C_{51}	C_{52}	C_{53}	C_{54}	C_{55}
C_{51}	1	3	5	5	3
C_{52}	1/3	1	1/2	4	2
C_{53}	1/5	2	1	3	1
C_{54}	1/5	1/4	1/3	1	1
C_{55}	1/3	1/2	1	1	1

通过计算可得 $\lambda_{max}=5.3704$，$CI=0.0786$，$CR=CI/RI=0.0827<0.1$，通过一致性检验，并得到商业模式破坏性创新能力指标下的 5 个二级指标权重向量 $w_5=(0.4732, 0.1713, 0.1738, 0.0702, 0.1115)^T$。

C 确定权重

结合一级二级判断矩阵，将权重向量进行汇总，得到基于层次分析的制造业破坏性创新能力指标权重表 6-15。

表 6-15 层次分析评价权重表

<table>
<tr><th>一 级 指 标</th><th>权重</th><th>二 级 指 标</th><th>权重</th></tr>
<tr><td rowspan="3">市场破坏性创新能力 C_1</td><td rowspan="3">0.3295</td><td>工业销售产值环比增长速度 C_{11}</td><td>0.5396</td></tr>
<tr><td>工业企业数量年度方差 C_{12}</td><td>0.297</td></tr>
<tr><td>行业集中度的年度方差 C_{13}</td><td>0.1634</td></tr>
<tr><td rowspan="4">过程破坏性创新能力 C_2</td><td rowspan="4">0.0887</td><td>科研人员占比 C_{21}</td><td>0.3841</td></tr>
<tr><td>管理费用变动速率 C_{22}</td><td>0.3495</td></tr>
<tr><td>财务费用变动速率 C_{23}</td><td>0.1297</td></tr>
<tr><td>流动比率 C_{24}</td><td>0.1367</td></tr>
<tr><td rowspan="3">技术破坏性创新能力 C_3</td><td rowspan="3">0.3697</td><td>政府投入 C_{31}</td><td>0.0719</td></tr>
<tr><td>技术改造经费投入 C_{33}</td><td>0.279</td></tr>
<tr><td>有效发明专利数 C_{35}</td><td>0.6491</td></tr>
<tr><td rowspan="3">产品破坏性创新能力 C_4</td><td rowspan="3">0.1335</td><td>新产品开发经费支出 C_{41}</td><td>0.6267</td></tr>
<tr><td>新产品产值/新产品开发经费支出 C_{43}</td><td>0.2797</td></tr>
<tr><td>新产品销售收入/工业销售产值 C_{44}</td><td>0.0936</td></tr>
<tr><td rowspan="5">商业模式破坏性创新能力 C_5</td><td rowspan="5">0.0786</td><td>互联网贸易普及率 C_{51}</td><td>0.4732</td></tr>
<tr><td>利润增长率 C_{52}</td><td>0.1713</td></tr>
<tr><td>成本费用利润率 C_{53}</td><td>0.1738</td></tr>
<tr><td>流动资产周转率 C_{54}</td><td>0.0702</td></tr>
<tr><td>固定资产周转率 C_{55}</td><td>0.1115</td></tr>
</table>

D 计算样本综合得分

根据表中权重对石家庄市制造业破坏性创新能力进行评价，得到31个制造业细分行业层次分析最终得分及排名，见表6-16。

表6-16 层次分析评价得分

制造业	AHP得分	排名	制造业	AHP得分	排名	制造业	AHP得分	排名
A1	-0.20	20	A12	-0.27	22	A23	0.94	3
A2	-0.09	15	A13	0.38	5	A24	0.00	12
A3	-0.41	27	A14	1.07	2	A25	-0.15	18
A4	-0.74	31	A15	1.69	1	A26	0.27	8
A5	-0.01	13	A16	-0.19	19	A27	-0.08	14
A6	-0.36	25	A17	-0.13	16	A28	0.15	9
A7	-0.23	21	A18	-0.34	24	A29	0.29	7
A8	-0.47	29	A19	0.46	4	A30	0.05	10
A9	-0.27	23	A20	-0.40	26	A31	-0.72	30
A10	-0.43	28	A21	0.00	11			
A11	-0.15	17	A22	0.34	6			

6.2.2.3 因子分析法应用

A 原始数据标准化处理

搜集到的原始数据中，各个指标的属性单位不同，会导致后续研究中无法纵向和横向的比较。因此，要对原始数据进行标准化处理，以达到各项指标间可加权计算的目的。本部分研究采用无量纲化处理的方式对数据进行标准化处理，减少各个指标因为不同量级造成评价的影响。

B 适度性检验

一般认为*KMO*值>0.5是可以做因子分析的，表6-17中*KMO*值为0.51，大于0.5，可以做因子分析。巴特利特球形度检验显著性小于0.05，拒绝原假设，认为原始变量之间存在相关性，数据适合作因子分析。

表6-17 *KMO*和巴特利特检验

*KMO*值		0.51
巴特利特球形度检验	近似卡方	810.43
	自由度	210
	显著性	0.000

C 提取公共因子

采用主成分分析法提取公因子方差，抽取的条件是要求特征值大于1，且累积可解释方差要能解释总体的大部分变异，绘制碎石图如图 6-2 所示。

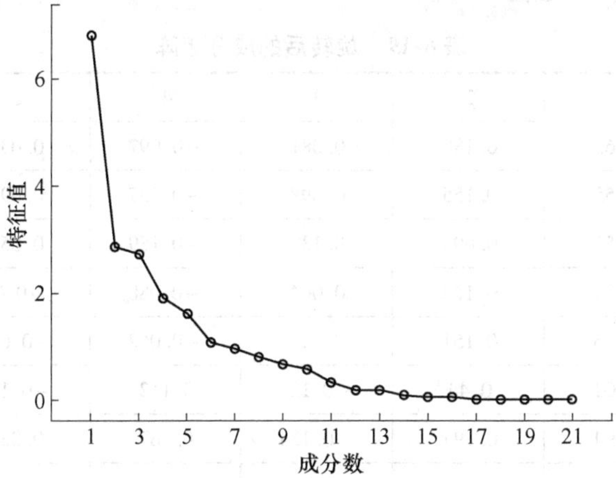

图 6-2 碎石图

可见，主成分在曲线成分数达到 6 时趋于平滑，成分数在 7 之后特征值开始小于 1，利用 SPSS 得到各个主成分的可解释方差见表 6-18。

表 6-18 总方差解释

成分	初始特征值			提取载荷平方和		
	总计	方差百分比	累积/%	总计	方差百分比	累积/%
1	6.819	32.473	32.473	6.819	32.473	32.473
2	2.859	13.614	46.087	2.859	13.614	46.087
3	2.726	12.982	59.069	2.726	12.982	59.069
4	1.929	9.186	68.255	1.929	9.186	68.255
5	1.621	7.72	75.975	1.621	7.72	75.975
6	1.086	5.174	81.148	1.086	5.174	81.148
7	0.965	4.594	85.743			

由表 6-18 可见，本部分研究提取 6 个主成分，6 个主成分方差占比分别达到了 32.473%、13.614%、12.982%、9.186%、7.72%和 5.174%，累积解释总方差达到了 81.148%，可以解释原始数据的大部分变异，因此认为抽取 6 个主成分较为恰当。

D 因子载荷矩阵的旋转

在分析过程中发现公因子在各个变量中的载荷都相差不明显，无法明确解释各公因子的实际意义，因此需要进行因子旋转。通过因子旋转可以保证因子在成分矩阵上尽可能趋向于 0 和 1，从而保证最终成分划分具有可解释性。本部分研究通过凯撒正态化最大方差法进行正交旋转，且旋转在第 8 次迭代后已收敛。旋转后的成分矩阵系数见表 6-19。

表 6-19 旋转后的成分矩阵

成 分	1	2	3	4	5	6
C_{34}	0.963	0.188	0.081	-0.097	0.035	-0.001
C_{42}	0.955	0.155	0.098	-0.137	0.093	-0.033
C_{35}	0.951	0.095	0.133	-0.159	0.054	-0.132
C_{32}	0.921	0.128	0.064	-0.088	-0.04	0.329
C_{41}	0.896	0.151	0.042	-0.068	-0.052	0.393
C_{31}	0.802	0.44	-0.125	0.112	-0.145	-0.183
C_{44}	0.394	0.797	-0.134	0.167	0.022	0.155
C_{54}	-0.167	-0.787	-0.208	0.275	-0.222	-0.093
C_{21}	0.308	0.782	-0.056	0.125	0.106	-0.133
C_{55}	-0.07	-0.753	-0.125	0.132	0.174	-0.056
C_{11}	0.088	-0.563	0.331	0.363	0.372	0.092
C_{52}	0.025	-0.248	0.896	0.076	0.068	-0.009
C_{43}	-0.028	0.236	0.872	-0.026	-0.26	0.087
C_{33}	0.27	0.094	0.799	-0.148	-0.18	0.083
C_{22}	-0.004	-0.203	-0.012	0.834	0.008	-0.074
C_{23}	-0.062	-0.131	0.057	0.768	0.476	-0.021
C_{12}	0.439	-0.156	0.1	-0.518	0.088	-0.062
C_{51}	0.24	-0.117	0.069	-0.441	0.294	-0.038
C_{53}	0.111	-0.096	-0.211	-0.017	0.811	-0.171
C_{24}	-0.11	0.143	-0.109	0.044	0.801	-0.043
C_{13}	0.106	0.035	0.114	-0.016	-0.188	0.96

旋转后的成分矩阵有了显著的成分特征，通过对比可发现：第一主成分包含技术破坏性创新能力指标较多，且政府投入、企业投入、技术研发人员投入、有效发明专利数对应权重数值较高，表明第一主成分主要反映的是石家庄制造业技术研发投入和技术研发产出方面的指标，可以整合为技术投入产出因子。第二主成分主要反映的是石家庄市制造业新产品推广、商业竞争模式以及过程管理模式方面的指标，可以整合为生产经营过程因子。第三主成分主要反映的是新产品开发、商业盈利模式方面的指标，可以整合为产品开发盈利因子。第四主成分主要包含管理费用变动速率和财务费用变动速率，分别占据 0.834 和 0.768，主要反

映的是石家庄市制造业过程破坏性创新能力，可以整合为过程破坏性创新因子。第五主成分主要包含成本费用利润率和流动比率，主要反映石家庄市制造业商业模式，可以整合为商业模式破坏性创新因子。第六主成分主要包含行业集中度年度方差指标，权重高达0.96，可以将其整合为市场破坏性创新因子。

E 计算样本的得分

通过成分得分系数矩阵可以计算出石家庄制造业31个细分行业6个因子的数值大小。用 F_j 表示第 j 个因子得分，X_i 表示第 i 个指标取值，W_{ij} 表示成分得分系数矩阵中第 i 个指标第 j 个因子，则 $F_j = W_{ij} \times X_i$，根据此公式计算出石家庄制造业31个细分行业的6个因子得分情况，见表6-20。

表6-20 成分得分

制造业	f_1	f_2	f_3	f_4	f_5	f_6
A1	-0.25	-0.90	-0.18	-0.43	-0.31	0.00
A2	-0.03	0.11	-0.09	0.06	-0.27	0.01
A3	-0.60	-0.09	-0.34	-0.15	-0.53	-0.18
A4	-1.05	0.69	-1.22	-0.70	1.93	0.37
A5	-0.33	-0.44	0.65	-0.64	-0.48	-0.10
A6	-0.28	-0.06	-0.31	0.19	-0.54	-0.28
A7	-0.08	-1.74	-0.83	-0.04	-0.50	0.08
A8	-0.38	-0.98	-0.83	-0.16	-0.60	-0.35
A9	-0.45	-0.87	-0.36	0.05	-0.17	-0.12
A10	-0.58	-0.31	-0.48	-0.18	-0.37	-0.13
A11	-0.47	0.16	-0.09	-0.49	0.28	-0.13
A12	-0.42	-0.77	-0.44	-0.75	0.06	-0.22
A13	-0.94	0.56	4.50	0.37	-1.51	-0.18
A14	1.82	-0.78	0.29	-1.31	-0.06	-0.01
A15	4.45	0.53	0.05	0.49	-0.23	-0.62
A16	-0.52	-0.28	0.22	-0.90	-0.17	-0.21
A17	-0.25	-0.31	-0.37	-1.27	-0.13	-0.30
A18	-0.50	0.20	-0.08	-0.45	-0.45	-0.04
A19	0.48	0.41	-0.06	0.15	-0.71	5.23
A20	-0.58	0.29	-0.02	0.72	-0.60	-0.36
A21	0.06	-0.35	-0.21	-0.47	-0.24	-0.45
A22	0.52	-0.15	0.00	-0.65	-0.03	-0.37

续表 6-20

制造业	f_1	f_2	f_3	f_4	f_5	f_6
A23	0.91	0.63	1.17	-1.17	1.67	-0.47
A24	-0.26	0.57	0.58	-0.03	0.58	-0.17
A25	-0.40	1.33	-0.03	0.20	0.56	-0.11
A26	0.53	-0.18	0.13	-0.74	0.28	0.02
A27	0.30	1.21	-0.60	1.04	0.04	-0.27
A28	-0.47	1.14	0.63	0.78	3.56	0.31
A29	0.01	-1.82	-0.09	1.95	0.79	0.13
A30	0.07	-1.15	0.07	3.75	0.19	-0.38
A31	-0.31	3.36	-1.67	0.76	-2.02	-0.74

评价得分，用每个主成分的特征根作为权重，利用公式 $f = (\lambda_1 \times F_1 + \lambda_2 \times F_2 + \lambda_3 \times F_3 + \lambda_4 \times F_4 + \lambda_5 \times F_5 + \lambda_6 \times F_6) / (\lambda_1 + \lambda_2 + \lambda_3 + \lambda_4 + \lambda_5 + \lambda_6)$ 对每个主成分进行加权加总，计算出石家庄制造业破坏性创新能力得分，见表 6-21。

表 6-21　因子分析评价得分

制造业	FA 得分	排名	制造业	FA 得分	排名	制造业	FA 得分	排名
A1	-0.37	25	A12	-0.46	29	A23	0.62	3
A2	-0.03	15	A13	0.32	7	A24	0.16	10
A3	-0.36	24	A14	0.33	6	A25	0.2	9
A4	-0.23	20	A15	1.58	1	A26	0.1	11
A5	-0.25	21	A16	-0.34	23	A27	0.36	5
A6	-0.21	19	A17	-0.4	28	A28	0.7	2
A7	-0.54	30	A18	-0.25	22	A29	-0.02	14
A8	-0.56	31	A19	0.58	4	A30	0.27	8
A9	-0.39	26	A20	-0.15	16	A31	0.1	12
A10	-0.4	27	A21	-0.2	18			
A11	-0.18	17	A22	0.03	13			

6.2.2.4　综合得分

在对制造业破坏性创新能力评价过程中，层次分析为主观评价法，因子分析为客观评价法，单一的评价方法均会使评价结果较为片面，因此，本部分研究对两种方法的综合得分结果进行标准化，并各赋予 0.5 的权重计算最终的加权综合得分，使得评价结果更加科学合理，评价最得分见表 6-22。

表6-22 层次分析与因子分析综合评价得分

制 造 业	AHP得分	FA得分	综合得分	排名
医药制造业	1.69	1.58	1.63	1
专用设备制造业	0.94	0.62	0.78	2
化学原料和化学制品制造业	1.07	0.33	0.70	3
黑色金属冶炼和压延加工业	0.46	0.58	0.52	4
仪器仪表制造业	0.15	0.70	0.43	5
石油加工、炼焦和核燃料加工业	0.38	0.32	0.35	6
通用设备制造业	0.34	0.03	0.19	7
电气机械和器材制造业	0.27	0.10	0.18	8
废弃资源综合利用业	0.05	0.27	0.16	9
计算机、通信和其他电子设备制造业	-0.08	0.36	0.14	10
其他制造业	0.29	-0.02	0.14	11
汽车制造业	0.00	0.16	0.08	12
铁路、船舶、航空航天和其他运输设备制造业	-0.15	0.20	0.02	13
食品制造业	-0.09	-0.03	-0.06	14
金属制品业	0.00	-0.20	-0.10	15
纺织业	-0.01	-0.25	-0.13	16
印刷和记录媒介复制业	-0.15	-0.18	-0.17	17
化学纤维制造业	-0.19	-0.34	-0.26	18
橡胶和塑料制品业	-0.13	-0.40	-0.27	19
有色金属冶炼和压延加工业	-0.40	-0.15	-0.27	20
农副食品加工业	-0.20	-0.37	-0.28	21
纺织服装、服饰业	-0.36	-0.21	-0.29	22
非金属矿物制品业	-0.34	-0.25	-0.29	23
金属制品、机械和设备修理业	-0.72	0.10	-0.31	24
家具制造业	-0.27	-0.39	-0.33	25
文教、工美、体育和娱乐用品制造业	-0.27	-0.46	-0.36	26
酒、饮料和精制茶制造业	-0.41	-0.36	-0.39	27
皮革、毛皮、羽毛及其制品和制鞋业	-0.23	-0.54	-0.39	28
造纸和纸制品业	-0.43	-0.40	-0.41	29
烟草制品业	-0.74	-0.23	-0.48	30
木材加工和木、竹、藤、棕、草制品业	-0.47	-0.56	-0.52	31

6.2.3　制造业破坏性创新能力评价综合结果分析

通过主观与客观相结合的综合评价法得到石家庄市制造业破坏性创新能力综合得分，从得分表中可以看出，石家庄市制造业不同行业的破坏性创新能力差异较大，技术密集型产业总体破坏性创新能力较强。在破坏性创新能力综合得分排名前十的制造业中，技术密集型产业有 7 个行业，分别是医药制造业，专用设备制造业，通用设备制造业，电气机械和器材制造业，化学原料和化学制品制造业，仪器仪表制造业，计算机、通信和其他电子设备制造业；资本密集型产业有 2 个行业，分别为黑色金属冶炼和压延加工业，石油加工、炼焦和核燃料加工业；资源密集型产业只有 1 个行业，为废弃资源综合利用业；而劳动密集型产业均未排入前十，且多处于较低水平。在制造业 31 个细分行业中，有 13 个行业破坏性创新能力得分为正值，且正数第一名是第二名的 2.09 倍；有 18 个行业破坏性创新能力得分为负值，且倒数第一名是第二名的 1.07 倍，说明石家庄市制造业破坏性创新能力整体水平偏低，其在破坏性创新能力得分为正的产业中出现核心产业，为医药制造业。

结合石家庄市制造业现状可发现：工业产值规模较高的产业破坏性创新能力不一定高，甚至处于较低水平；工业产值规模较低的产业破坏性创新能力不一定低，甚至处于较高水平。皮革、毛皮、羽毛及其制品和制鞋业、纺织业、农副食品加工业的工业总产值分别为石家庄市制造业排名第 2 名、第 3 名和第 4 名，但破坏性创新能力评价得分排名分别为第 30 名、第 21 名和第 25 名。而废弃资源综合利用业、仪器仪表制造业的工业总产值分别为石家庄市制造业排名第 28 名、第 29 名，但破坏性创新能力评价得分排名分别为第 9 名、第 5 名。

层次分析过程中，市场和技术层面破坏性创新能力占据较大的比重，分别为 0.3295 和 0.3697，说明制造业市场层面上市场规模与市场结构的调整、技术层面上技术研发投入与技术研发产出的促进，两者都能显著提升制造业的破坏性创新能力，而过程、产品、商业模式层面的权重只占总权重的 30%，更多起到辅助作用，并不能显著提升破坏性创新能力，但从破坏性创新的演化特征上看，也是不可或缺的，如果缺乏，会严重影响到市场、技术层面对破坏性创新能力的提升效果。

因子分析过程中，石家庄市制造业在 6 个主成分因子得分中表现各不相同，在技术投入产出因子得分中，医药制造业得分为 4.45，远高于其他制造业，说明在石家庄市制造业当中，医药制造业的政府投入、企业投入、技术研发投入较多，使其具有较高的技术投入水平，同时有效发明专利数较多，其技术研究产出能力较强。在生产经营过程因子得分中，金属制品、机械和设备修理业得分为 3.36，高于其他行业，说明其在新产品推广非常迅速，商业竞争模式的非竞争性较强，以及过程管理模式调整及时。在产品开发盈利因子中，石油加工、炼焦和核燃料加工业得分最高为 4.5，说明其新产品研发速率快、低利润高销量的盈利模式使其取得了较高的利润。在过程破坏性创新因子中，废弃资源综合利用业得分最高为3.75，说明其管理费用变动速率和财务费用变动速率均处于较高水平，产业生产运营处于一个明显的转型期，且费用波动推动了该制造业不断开展破坏性创新。在商业模式破坏性创新因子得分中，仪器仪表制造业得分最高为3.56，说明其成本费用利润率较高，消耗单位成本能带来更多的经济效益。在市场破坏性创新因子中，黑色金属冶炼和压延加工业得分最高为5.23，说明其行业集中度年度方差较高，市场结构变化快。

根据最终综合评价结果，可发现石家庄市31个制造业行业的破坏性创新能力发展并不均衡，出现两极分化，一部分行业破坏性创新能力较强，已经体现出正向促进作用，另一部分行业破坏性创新能力较差，未能出现明显的促进作用，反而产生了不良反应。因此，按照破坏性创新能力高低，本部分研究将石家庄市制造业行业分为四个集团：

（1）强破坏性创新能力集团。排名前6的制造业行业属于强破坏性创新能力集团，该集团制造业行业综合得分均大于0.34分，占据破坏性创新第一梯队。其排名为：石家庄医药制造业（1.63分），石家庄专用设备制造业（0.78分），石家庄化学原料和化学制品制造业（0.70分），石家庄黑色金属冶炼和压延加工业（0.52分），石家庄仪器仪表制造业（0.43分），石家庄石油加工、炼焦和核燃料加工业（0.35分）。这些行业在市场、过程、技术、产品和商业模式整个环节表现出较强的创新破坏性，是石家庄市制造业创新活力的集中体现，其集团内部工业企业所开展的一系列破坏性创新活动，有利于带动产业链上其他行业的共同效仿，从而促进地区经济新发展。其中，排名第一的石家庄医药制造业，在不断投入生物技术研发的过程中，从市场、产品和商业模式上做出了较大调整以适应全国范围内的新变化，例如市场上针对不同客户需求，定制厂房专用仪器，商业模式上开展研发服务外包和创业服务，行业内部互相促进的同时，实现跨行业的利益共享，特别是构建石家庄市高端医药产业集群，重塑中国“药都”形象。

（2）较强破坏性创新能力集团。排名第7到第13的制造业行业属于较强破坏性创新能力集团，该集团制造业行业综合得分介于0~0.34分之间，占据破坏性创新第二梯队。其排名为：石家庄通用设备制造业（0.19分），石家庄电气机械和器材制造业（0.18分），石家庄废弃资源综合利用业（0.16分），石家庄计算机、通信和其他电子设备制造业（0.14分），石家庄其他制造业（0.14分），石家庄汽车制造业（0.08分），石家庄铁路、船舶、航空航天和其他运输设备制造业（0.02分）。该集团内制造业行业的破坏性创新活动较为活跃，但实际收益不明显，某些行业在市场层面很难挖掘新的客户，例如铁路船舶等大型运载设备的生产大多取决于政府政策导向，除了市政规划以外，很难有新的顾客需求能够得到满足。某些行业在过程和商业模式层面因为行业标准约束力较强，不能做出较大的突破，例如对通用设备的生产不适宜采用不成熟的新技术，其生产销售基本采用统一定价的原则。

（3）较弱破坏性创新能力集团。排名第 14 到第 25 的制造业行业属于较弱破坏性创新能力集团，该集团制造业行业综合得分介于 -0.34～0 分之间，占据破坏性创新第三梯队。其排名为：石家庄食品制造业（-0.06 分），石家庄金属制品业（-0.10 分），石家庄纺织业（-0.13 分），石家庄印刷和记录媒介复制业（-0.17 分），石家庄化学纤维制造业（-0.26 分），石家庄橡胶和塑料制品业（-0.27 分），石家庄有色金属冶炼和压延加工业（-0.27 分），石家庄农副食品加工业（-0.28 分），石家庄纺织服装、服饰业（-0.29 分），石家庄非金属矿物制品业（-0.29 分），石家庄金属制品、机械和设备修理业（-0.31 分），石家庄家具制造业（-0.33 分）。该集团内制造业行业较少开展破坏性创新活动，或在开展市场、过程、技术、产品和商业模式某一层面的破坏性创新时，没有带来预期的创新利润，增加了进一步开展创新活动的难度。

（4）弱破坏性创新能力集团。排名第 26 到第 31 的制造业行业属于弱破坏性创新能力集团，该集团制造业行业综合得分低于 -0.34 分，占据破坏性创新第四梯队。其排名为：石家庄文教、工美、体育和娱乐用品制造业（-0.36 分），石家庄酒、饮料和精制茶制造业（-0.39 分），石家庄皮革、毛皮、羽毛及其制品和制鞋业（-0.39 分），石家庄造纸和纸制品业（-0.41 分），石家庄烟草制品业（-0.48 分），石家庄木材加工和木、竹、藤、棕、草制品业（-0.51 分）。该集团内部行业在技术层面上，很难对原有生产技术轨道进行突破，只是在较小范围内对技术重新整合和改良，其技术层面的破坏性创新能力普遍较差。该集团在产品层面上，行业内企业多倾向于生产生活功能性产品，而这些产品的破坏性创新较难被顾客所接受，消费者往往遵从原有的消费习惯。

6.2.4 制造业破坏性创新能力细分评价分析

6.2.4.1 市场破坏性创新能力评价分析

结合已有的层次分析和因子分析部分成果，利用市场破坏性创新能力的 3 个二级指标，对 31 个石家庄制造业行业进行市场破坏性创新能力评价，评价结果见表 6-23。

表 6-23 市场破坏性创新能力评价得分

行业	AHP 得分	FA 得分	综合得分	排名	行业	AHP 得分	FA 得分	综合得分	排名
A1	-0.24	-0.15	-0.19	22	A5	-0.03	-0.09	-0.06	17
A2	-0.04	-0.04	-0.04	16	A6	-0.55	-0.46	-0.51	28
A3	-0.25	-0.21	-0.23	24	A7	0.08	0.15	0.12	13
A4	-1.30	-1.12	-1.21	30	A8	-0.50	-0.45	-0.47	27

续表 6-23

行业	AHP 得分	FA 得分	综合得分	排名	行业	AHP 得分	FA 得分	综合得分	排名
A9	0.16	0.13	0.14	11	A21	-0.08	-0.25	-0.16	21
A10	-0.22	-0.18	-0.20	23	A22	0.49	0.14	0.31	7
A11	0.20	0.05	0.12	12	A23	0.60	0.07	0.33	6
A12	-0.10	-0.13	-0.11	20	A24	0.26	0.17	0.22	8
A13	-0.02	0.32	0.15	10	A25	-0.08	-0.06	-0.07	18
A14	1.13	0.35	0.74	3	A26	0.29	0.08	0.18	9
A15	-0.05	-0.13	-0.09	19	A27	-0.42	-0.40	-0.41	26
A16	-0.02	-0.01	-0.02	15	A28	0.41	0.38	0.39	5
A17	0.23	-0.26	-0.01	14	A29	1.52	1.37	1.45	2
A18	-0.38	-0.32	-0.35	25	A30	0.48	0.44	0.46	4
A19	0.84	2.73	1.78	1	A31	-1.84	-1.60	-1.72	31
A20	-0.59	-0.51	-0.55	29					

各个行业市场破坏性创新能力各不相同，也反映出现阶段各行业的市场结构和市场规模实际变化情况的不同。其中排名前三名的为：石家庄黑色金属冶炼和压延加工业（A19），石家庄其他制造业（A29），石家庄化学原料和化学制品制造业（A14）。一方面，排名靠前的制造业行业对市场发展比较侧重，除了进一步提升主流市场占用率，还注重对低端市场和新市场的挖掘，使其销售产值环比增速处于石家庄制造业较高水平，最终扩大了其市场规模占有率。另一方面，排名靠前的行业企业数量和工业总产值比例变化较为剧烈，在 2010 年至 2016 年间的市场结构波动频繁，行业内新工业企业的进入和退出都会造成市场结构的重新调整，这些动荡的行业中企业通常开展破坏性活动来维持生存或获取市场重新洗牌的机会。特别是黑色金属冶炼和压延加工业这类传统产业，在市场和政府双重调控下，其市场破坏性创新能力显著增强，从而维持其生存和发展能力。排名倒数后三名的制造业行业为：石家庄有色金属冶炼和压延加工业（A20），石家庄烟草制品业（A4），石家庄金属制品、机械和设备修理业（A31）。排名靠后的制造业行业普遍存在市场发展瓶颈，其销售产值基本维持不变，或在一定程度上呈现下降趋势，与此同时，其行业所处市场中的各个企业缺乏竞争意识，所生产的产品对市场反应不灵敏，例如烟草、金属制品等，产生这种结果的原因可能是因为该行业垄断性较强，缺乏市场新进入者的威胁。

6.2.4.2 过程破坏性创新能力评价分析

结合已有的层次分析和因子分析部分成果，利用过程破坏性创新能力的 4 个二级指标，对 31 个石家庄制造业行业进行过程破坏性创新能力评价，评价结果见表 6-24。

表 6-24 过程破坏性创新能力评价得分

行业	AHP 得分	FA 得分	综合得分	排名	行业	AHP 得分	FA 得分	综合得分	排名
A1	-0.45	-0.32	-0.38	20	A17	-0.49	-0.53	-0.51	27
A2	-0.16	-0.22	-0.19	15	A18	-0.51	-0.44	-0.47	23
A3	-0.53	-0.55	-0.54	30	A19	-0.30	-0.50	-0.40	22
A4	0.08	1.03	0.55	7	A20	0.23	0.09	0.16	8
A5	-0.56	-0.50	-0.53	29	A21	-0.16	-0.26	-0.21	16
A6	-0.04	-0.06	-0.05	11	A22	-0.12	-0.34	-0.23	17
A7	-0.56	-0.49	-0.52	28	A23	0.76	0.55	0.66	5
A8	-0.59	-0.43	-0.51	26	A24	0.04	-0.23	-0.10	13
A9	-0.50	-0.19	-0.34	19	A25	0.25	-0.08	0.08	9
A10	-0.57	-0.51	-0.54	31	A26	0.03	-0.16	-0.07	12
A11	-0.17	-0.18	-0.17	14	A27	1.05	0.79	0.92	3
A12	-0.48	-0.49	-0.49	24	A28	0.98	1.87	1.42	2
A13	-0.39	-0.42	-0.40	21	A29	0.62	1.03	0.82	4
A14	-0.26	-0.32	-0.29	18	A30	1.97	2.39	2.18	1
A15	0.17	-0.11	0.03	10	A31	1.08	0.16	0.62	6
A16	-0.42	-0.57	-0.50	25					

各个行业过程破坏性创新能力各不相同，主要体现在现阶段各行业的管理模式与资金筹集实际变化情况的不同。其中排名前三名的为：石家庄废弃资源综合利用业（A30），石家庄仪器仪表制造业（A28），石家庄计算机、通信和其他电子设备制造业（A27）。该能力较强的制造业行业，有以下两个特征：第一，行业所属企业内部管理模式调整显著。一方面是增加科研人员占比，企业内部引入大量的科研人员来指导整个生产经营过程，对市场调研、产品设计、技术研发以及战略制订都能提供更科学的方案，并在执行过程的关键节点做到科学监督。另一方面是调整管理费用，企业将更多的资金用于职工教育、技术转让、员工福利等，而对差旅费、物料消耗等进行严格监管，让企业内部更适应开展破坏性创新活动。第二，行业所属企业资金筹集费用变化显著。行业内企业采用不同的途径来筹集生产经营资金，减缓了企业资金链供应压力，能够更好应对破坏性创新带来的风险。排名倒数后三名的制造业行业为：石家庄纺织业（A5），石家庄酒、饮料和精制茶制造业（A3），石家庄造纸和纸制品业（A10）。排名靠后的制造业行业其内部科研人员占比较小，生产经营过程缺乏创新动力，并且其用于生产经营的筹集资金较少，大多能够实现自给自足，不倾向于筹集大量资金来开展破坏性创新活动并承担其可能的风险。

6.2.4.3 技术破坏性创新能力评价分析

结合已有的层次分析和因子分析部分成果，利用技术破坏性创新能力的5个二级指标，对31个石家庄制造业行业进行技术破坏性创新能力评价，评价结果见表6-25。

表6-25 技术破坏性创新能力评价得分

行业	AHP得分	FA得分	综合得分	排名	行业	AHP得分	FA得分	综合得分	排名
A1	-0.20	-0.31	-0.26	14	A17	-0.33	-0.37	-0.35	17
A2	-0.09	-0.07	-0.08	12	A18	-0.25	-0.33	-0.29	16
A3	-0.49	-0.56	-0.52	24	A19	-0.01	0.62	0.31	6
A4	-0.51	-0.59	-0.55	29	A20	-0.44	-0.53	-0.49	22
A5	0.16	-0.18	-0.01	10	A21	0.17	-0.01	0.08	8
A6	-0.35	-0.36	-0.36	18	A22	0.47	0.42	0.44	5
A7	-0.44	-0.52	-0.48	21	A23	1.51	1.18	1.34	3
A8	-0.51	-0.59	-0.55	30	A24	-0.20	-0.19	-0.20	13
A9	-0.51	-0.59	-0.55	31	A25	-0.32	-0.23	-0.27	15
A10	-0.51	-0.58	-0.55	28	A26	0.07	0.27	0.17	7
A11	-0.34	-0.42	-0.38	19	A27	-0.11	0.27	0.08	9
A12	-0.50	-0.58	-0.54	25	A28	-0.40	-0.41	-0.40	20
A13	0.87	0.05	0.46	4	A29	-0.51	-0.57	-0.54	27
A14	1.55	1.52	1.54	2	A30	-0.51	-0.57	-0.54	26
A15	3.52	4.59	4.06	1	A31	-0.26	0.19	-0.03	11
A16	-0.49	-0.55	-0.52	23					

各个行业技术破坏性创新能力各不相同，主要体现在现阶段各行业技术研发投入与技术研发产出情况的不同。其中排名前三名的行业为：石家庄医药制造业（A15），石家庄化学原料和化学制品制造业（A14），石家庄专用设备制造业（A27）。该能力较强的制造业行业大多属于技术密集型产业，该行业企业普遍注重对技术的研发，从技术研发投入角度来看，这些行业所属企业将大量的资金用于新技术的开发和应用当中，特别是石家庄医药制造业，受石家庄市“4+4”现代产业格局政策的影响，着力打造国际生物医药产业园、生命科学创新园与京津冀产业协同创新园，三大园区为石家庄市医药制造业的发展提供源源不断的技术创新成果。此外，技术破坏性创新能力强的制造业行业中已搭建好丰富的科技创新平台资源和人才资源，例如石家庄知识产权公共服务平台、石家庄大型仪器设备共享平台等为技术研发提供条件便利，河北科技大学、河北地质大学、河北医科大学等石家庄本地所属高校为技术研发提供人才支撑。从技术研发产出角度

来看，能力较强的行业从结项省级以上项目数、发表论文数、有效发明专利数等，都远多于能力较低的行业。排名倒数后三名的制造业行业为：石家庄烟草制品业（A4），石家庄木材加工和木、竹、藤、棕、草制品业（A8），石家庄家具制造业（A9）。该类制造业行业发展受限于生产材料、顾客消费能力等，技术研发投入转化效率低，研发的新技术较少能够加入产品生产过程中。

6.2.4.4　产品破坏性创新能力评价分析

结合已有的层次分析和因子分析部分成果，利用产品破坏性创新能力的4个二级指标，对31个石家庄制造业行业进行产品破坏性创新能力评价，评价结果见表6-26。

表6-26　产品破坏性创新能力评价得分

行业	AHP 得分	FA 得分	综合得分	排名	行业	AHP 得分	FA 得分	综合得分	排名
A1	−0.30	−0.50	−0.40	18	A17	−0.35	−0.47	−0.41	19
A2	0.04	0.13	0.08	11	A18	−0.34	−0.48	−0.41	20
A3	−0.48	−0.66	−0.57	23	A19	1.88	1.62	1.75	2
A4	−0.62	−0.78	−0.70	30	A20	−0.15	−0.50	−0.32	17
A5	−0.13	−0.33	−0.23	15	A21	−0.26	−0.28	−0.27	16
A6	−0.17	−0.19	−0.18	14	A22	0.10	0.28	0.19	9
A7	−0.51	−0.68	−0.60	24	A23	0.49	0.93	0.71	4
A8	−0.62	−0.78	−0.70	31	A24	−0.03	0.09	0.03	13
A9	−0.62	−0.78	−0.70	29	A25	0.02	0.25	0.14	10
A10	−0.61	−0.74	−0.67	26	A26	0.47	0.58	0.52	5
A11	−0.41	−0.48	−0.45	21	A27	0.25	0.57	0.41	6
A12	−0.60	−0.76	−0.68	27	A28	−0.13	0.29	0.08	12
A13	0.95	−0.31	0.32	8	A29	−0.58	−0.75	−0.66	25
A14	1.00	1.37	1.19	3	A30	−0.61	−0.77	−0.69	28
A15	2.71	4.04	3.38	1	A31	0.05	0.71	0.38	7
A16	−0.43	−0.65	−0.54	22					

各个行业产品破坏性创新能力各不相同，主要体现在现阶段各行业新产品开发与推广情况的不同。其中排名前三名的行业为：石家庄医药制造业（A15），石家庄黑色金属冶炼和压延加工业（A19），石家庄化学原料和化学制品制造业（A14）。该能力较强的制造业行业对新产品的设计开发投入大量资金，同时在研新产品项目数较多，能够开发出适用于满足不同消费者心理需求的不同产品，例如，根据网上公布的公开资料显示，截至2018年11月，石家庄市医药制造业申请创新药品3080件，获批国家药品2956项，远高于其他制造业行业新产品开发

水平。值得一提的是，产品破坏性创新能力强的行业中，新产品的投入产出效率也处于较高水平。除了重视新产品的开发，能力较强的行业所属企业，也重视新产品的推广。其新产品的销售收入占主营业务收入的比重要高于其他制造业行业。排名倒数后三名的制造业行业为：石家庄家具制造业（A9），石家庄烟草制品业（A4），石家庄木材加工和木、竹、藤、棕、草制品业（A8）。与技术破坏性创新能力排名后三名相同，说明其新产品的研发离不开新技术的支撑，同时也印证了破坏性创新的演变特征规律，破坏性创新具有整体性，从市场、过程、技术、产品和商业模式五个层面共同改变现有竞争规则，任一环节的缺失都可能导致其他环节发展断裂。

6.2.4.5 商业模式破坏性创新能力评价分析

结合已有的层次分析和因子分析部分成果，利用商业模式破坏性创新能力的5个二级指标，对31个石家庄制造业行业进行商业模式破坏性创新能力评价，评价结果见表6-27。

表6-27 商业模式破坏性创新能力评价得分

行业	AHP得分	FA得分	综合得分	排名	行业	AHP得分	FA得分	综合得分	排名
A1	0.47	0.65	0.56	6	A17	0.10	-0.10	0.00	16
A2	-0.46	-0.38	-0.42	23	A18	-0.38	-0.53	-0.46	25
A3	-0.52	-0.39	-0.46	24	A19	-0.54	-0.71	-0.62	30
A4	-0.53	-0.42	-0.47	26	A20	-0.53	-0.45	-0.49	28
A5	0.09	0.13	0.11	15	A21	0.19	0.16	0.17	11
A6	-0.32	-0.08	-0.20	19	A22	0.06	-0.09	-0.02	17
A7	0.27	1.11	0.69	5	A23	0.68	0.38	0.53	7
A8	0.19	0.57	0.38	9	A24	-0.10	-0.06	-0.08	18
A9	-0.04	0.29	0.12	13	A25	-0.43	-0.55	-0.49	27
A10	-0.44	-0.23	-0.34	22	A26	1.00	0.49	0.74	4
A11	-0.24	-0.36	-0.30	21	A27	-0.42	-0.70	-0.56	29
A12	0.94	0.68	0.81	3	A28	1.23	0.72	0.98	1
A13	-0.34	-0.21	-0.28	20	A29	0.03	0.88	0.45	8
A14	0.19	0.08	0.14	12	A30	-0.12	0.48	0.18	10
A15	0.32	-0.07	0.12	14	A31	-1.52	-1.77	-1.64	31
A16	1.18	0.51	0.84	2					

各个行业商业模式破坏性创新能力各不相同，主要体现在现阶段各行业业务模式、盈利模式、竞争模式情况的不同。其中排名前三名的行业为：石家庄仪器仪表制造业（A28），石家庄化学纤维制造业（A16），石家庄文教、工美、体育

和娱乐用品制造业（A12）。结合破坏性创新概念对排名较高的行业特征进行总结，可发现：首先，该能力较强的制造业行业对互联网贸易普及率较高，例如设立体育娱乐用品网络专卖店、仪器仪表网络定制等，运用“互联网 +”的思维改变传统直销的业务模式，该类行业通常对网络用户需求有着较快的响应。其次，该能力较强的制造业行业成本费用利润率和利润增长率处于较高水平，行业内企业既能够综合利用各项创新成果降低生产运营成本，也能够进一步扩大市场，获取大量利润。最后，该能力较强的制造业行业流动和固定资产的利用效率高，能够充分利用自身条件创造利润，而不是依靠剥夺其他企业生存空间的方式来谋求利润，对外有着较为明显的“非竞争性”。排名倒数后三名的制造业行业为：石家庄计算机、通信和其他电子设备制造业（A27），石家庄黑色金属冶炼和压延加工业（A19），石家庄金属制品、机械和设备修理业（31）。这一类商业模式破坏性创新能力差的行业有着共同局限性，那就是政府政策性约束，例如《石家庄市产业发展鼓励和禁限指导意见（2017—2019 年）》中明确禁止开采贫矿、禁止黑色金属铸造和钢压延工业企业的新建或扩建、部分轻工业等，其行业所属企业必须根据政策来对自身发展进行限制，不能任意改变。

6.3 石家庄市制造业破坏性创新能力发展建议

根据对石家庄市制造业破坏性创新能力的综合评价结果，石家庄市制造业行业间破坏性创新能力存在两极分化现象，需要引起相关企业及政策制定者的重视。本部分研究结合评价结果以及主客观评价过程中各项能力指标权重和得分高低，依据已经梳理的破坏性创新相关概念及理论，从市场、过程、技术、产品和商业模式五个层面为石家庄市制造业提高破坏性创新能力提供几点发展建议，为石家庄市政府制定相关产业调整政策提供有力的理论支撑，同时也为石家庄市制造业工业企业的转型升级提供参考意见。

6.3.1 市场层面发展建议

6.3.1.1 进一步调整现有市场结构

石家庄市烟草制品业、金属制品、机械和设备修理业规模以上工业企业全市各一家，容易形成行业内的寡头垄断，不利于激发市场活性。同时，也应避免同行业间的完全竞争，市场上交易的产品或服务不存在任何差别，会阻碍行业整体的破坏性创新能力发展。在《石家庄市重点工业行业结构调整提升规划（2017—2019 年）》中要求要兼顾石家庄市环境承载能力和市场需求。因此在市场调整过程中，要注重制造业各行业的行业集中度，使其不断调整稳定在一个有利于开展破坏性创新的水平。特别是市场破坏性创新能力较差的制造业行业，例如：石家庄有色金属冶炼和压延加工业（A20），石家庄烟草制品业（A4），石家庄金属制品、机械和设备修理业（A31）。

6.3.1.2 鼓励制造业企业开拓新市场

《石家庄市工业转型升级与布局优化“十三五”规划》中要求由政府对制造业工业企业进行引导，鼓励企业遵循市场规律的同时，多“走出去”，换句话说，政府鼓励石家庄制造业行业所属企业开辟新市场。一方面，政府不仅要对制造业企业开拓新市场的行为抓典型、重宣传，正面引导其他弱势企业敢于寻找和发现新的市场契机；还要建立新市场风险预警机制，为开拓新市场的工业企业提供触底保障，使其能够减少恐惧心理，积极应对新市场风险。另一方面，市场破坏性创新能力较强的制造业行业应当积极响应“走出去”的政策，例如：石家庄黑色金属冶炼和压延加工业（A19）、石家庄其他制造业（A29）、石家庄化学原料和化学制品制造业（A14）等。这些制造业行业所属企业要敢于承担社会责任，不断开拓新市场，增加新的盈利点；还应做好充分的市场调研，进一步细分市场，找准顾客新需求，降低企业在开辟新市场的风险。

6.3.1.3 加强监管市场波动较大行业

某行业的市场破坏性创新能力强意味着该行业所处市场结构变动长期处于波动状态，其中仪器仪表制造业、废弃资源综合利用业的市场波动较为明显，可能存在行业内恶性扩张收缩市场的行为，某些工业企业为了赢取政策性资金而进入市场，又为了固定资产变现而退出市场，导致市场波动紊乱。这种波动不利于整体市场的破坏性创新能力提升，因此政府要组建部门或聘请第三方机构来考察行业内企业的实际运营状况，对企业的市场行为进行监管，对恶性行为要及时予以制止和行业内通告，维持行业内良好的发展氛围。

6.3.2 过程层面发展建议

6.3.2.1 企业加大科研人员投入

石家庄制造业过程破坏性创新能力较差的行业有：石家庄纺织业（A5），石家庄酒、饮料和精制茶制造业（A3），石家庄造纸和纸制品业（A10）等，这些企业急需要增加生产经营过程中对科研人员的重视程度，该类行业所属企业对科研人员的投入应表现在以下几个方面：首先是增加科研人员在整个企业中的员工占比，要在企业整个生命周期内维持一个相对较高的比例，特别是对基础实验人员、应用研究人员等技术类员工的引进，这样才能开展保障破坏性创新活动时有足够的人力资源支撑；其次是提高企业内部研发人员的福利待遇，高薪高产是一个合理的激励机制，能够激发科研人员的创新热情，更容易产出新成果；然后是促进企业内科研人员与社会科研机构的交流，为员工提供再学习机会，掌握当前最新的技术和研发动态，保障新的研究项目不落后；最后要为不同行业不同企业的科研人员提供交流平台，促进行业间、企业间的深层次合作，施行人才共享机制。

6.3.2.2 金融部门保障企业创新优先

开展破坏性创新离不开资金的支持，针对石家庄纺织业（A5），石家庄酒、饮料和精制茶制造业（A3）以及石家庄造纸和纸制品业（A10）等过程破坏性创新能力较差的行业，针对其贷款融资困难、不愿承担创新风险等特点，金融部门可以通过以下渠道来支持企业开展创新活动：允许知识产权质押贷款，鼓励制造业行业利用研发成果向金融部门筹集创新资金；以金融部门为第三方担保机构，构建更安全更有效率的互联网融资平台，为民众提供企业用于开展破坏性创新活动的可靠信息，在促进民众与企业沟通的同时，方便企业得到民间资金支持；金融部门借助自身数据部门对制造业企业的运营审查，主动对接政府创新项目，使政府创新资金投入更加高效；金融部门设立企业创新融资窗口，提供针对某一产品、服务研发活动的研发资金贷款，使小微企业也能有足够的资金投入到自身产品、服务的升级换代中，从而提高整体行业的过程破坏性创新能力。

6.3.2.3 借助“数据”提升管理水平

过程破坏性创新能力强的行业具有较高的管理费用变动特征，该类行业所属企业对这种变动特征控制力越强，则越能够提升整体管理水平，从而更好地迎接破坏性创新的挑战。过程破坏性创新能力较强的行业中大多注重对数据的控制，例如在石家庄计算机、通信和其他电子设备制造业中，多数企业内部成立数据分析中心，借助实时的数据信息对企业人员、技术、流动资产等资源进行合理分配，达到提升管理水平和效率的目的。因此，其他过程破坏性创新能力较弱的行业应借鉴经验，实施以下方法来借助“数据”提升管理水平：建立数据运营中心，施行多服务供应商集成管理；提升自身立体监控能力，实现业务可视化管理；利用数据中心大运维服务和智能总控中心服务来提升整体运营效率；组织员工创新培训活动，逐渐向学习性组织过渡，充分发挥员工的创造性思维，来适应瞬息万变的市场和迅速发展的科技。

6.3.3 技术层面发展建议

6.3.3.1 政府全方位增加技术投入

针对技术破坏性能力弱的制造业行业，政府应制定专属该行业的技术创新鼓励政策，积极实行差异化、专属化政策引导，创造良好的技术研发外部环境；政府拓宽企业技术研发资金来源渠道，完善政府招商引资目录，提升外商投资的质量，充分挖掘和引导社会资本流向制造业工业企业的研发活动中；政府充分发挥在资源配置中的宏观调控作用，尤其是对创新资源的合理调配，弥补行业之间创新短板的同时，充分发挥优秀企业创新长板优势；政府构建产学研信息平台，帮助企业挖掘专家人才库、专利技术库等资源，加强学术交流与科技合作；政府还应进一步完善科技成果转化机制，促进研发活动的产业化、商业化发展，从政策上保障企业的创新效益。例如：针对石家庄家具制造业这类政府研发投入不足的行业，政府应促进该类行业与高技术研发能力的企业进行合作，特别是石家庄专用设备制造业所属企业，将3D打印、智能组建等新技术引入家具制造当中，推进家具生产的现代化、智能化，使得该行业技术破坏性创新能力显著提升。

6.3.3.2 加强科研合作平台建设

石家庄市作为河北省省会城市，有着较为丰富的科研资源：高水平的科研机构较多，中科集团第十三研究所、中电集团第五十四研究所、河北省科学院等科研机构能够指导和测评新技术的研发；高水平的省属高校较多，河北科技大学、河北经贸大学、河北医科大学、河北地质大学等省属骨干院校均在石家庄聚集，能够为各个行业的技术研发提供源源不断的人才；高水平的科技园区较多，石家庄北大科技园、河北方大科技园、军鼎科技园等科技园区建设较为成熟，能够很好地引进技术人才，并为新技术的孵化提供保障。但这些科研资源现阶段并不能很好地融合在一起，这就需要政府、企业、科研机构、高校等共同组建科研合作平台，共享最新的技术研发信息，将新技术从实验室中“流出去”，同时，也能方便石家庄烟草制品业、石家庄家具制造业等技术破坏性创新能力弱行业将最新的技术研发成果应用到行业破坏性创新活动当中。

6.3.3.3 完善研发成果奖励机制

对制造业所属企业而言，企业通常根据自身经营现状来制定技术研发成果的奖励规则，由于不同企业使用不同的奖励规则，研发人员间存在不公平感，不利于激发其创新热情。对政府而言，制定的研发成果奖励条例很难根据现实物价水平进行及时调整，其评定过程也较为复杂，对技术成果的奖励具有滞后性，这同样会挫伤科研人员的研发积极性。因此，石家庄市政府及制造业所属企业应进一步完善研发成果奖励机制，注重公平公正的同时，缩短新技术从研发成功到获得奖励的过程，为技术成果的最终转化保驾护航。

6.3.4 产品层面发展建议

6.3.4.1 提高新技术利用率

产品包含的技术种类、技术成熟度不同都会对顾客的实际体验效果产生显著影响，一方面，制造业企业开展破坏性创新要求产品应当满足新市场的差异化需求，新产品应具备差异化技术来区别于现有市场的产品，其技术的利用率越高，则新产品给顾客带来的差异化体验越明显，越有利于实现破坏性创新；另一方面，制造业企业开展破坏性创新也应满足低端市场的诉求，利用全新的生产技术，对原有的生产工艺进行颠覆，以更低的制作成本实现主流市场产品的基本功能，新技术的利用率越高则新产品的成本越低，越容易实现低端市场的破坏性创新。

6.3.4.2 完善顾客意见反馈机制

新产品的开发如果脱离市场需求，其投放和推广就会遇到很大的阻力，因此了解顾客的实际需要是必须放在首位的；新产品具有较高的试错成本，是因为新产品可能面临成本超出预期、产品自身存在缺陷、投放时机错误、推广实施过程不理想等难题，因此，企业需要建立从新产品开发、测试、试用、正式推广等各个环节的顾客意见反馈机制，及时对产品做出调整。可以通过减少不必要的功能来降低顾客购买成本；搜集有关产品质量的反馈意见，并及时送达技术中心，对产品进行升级换代；对市场行情进行调研，充分考虑到季节影响，确定最佳的产品投放时机。

6.3.4.3 构建新产品展销平台

行业新产品的实际盈利能力决定了该行业的破坏性创新积极性，而新产品销售的第一步就是面向消费者的宣传。某些行业的新产品往往不为人知，最终退出市场，这是一种创新浪费。特别是产品破坏性创新能力弱的行业所属企业，缺乏新产品的推广渠道，其自身也较少投入资金用于新产品宣传。因此，为促进制造业行业的整体产品破坏性创新能力，就需要政府与企业联合，共同建立新产品展销平台。不仅需要建立线下的展销平台，主要以石家庄烟草工艺博览会、石家庄家具工艺博览会等形式，来让民众实际体验新产品或服务，而且需要建立线上的展销平台，利用数字建模技术，将新产品的功能特征通过互联网传递给每一个互联网用户，提升新产品的知名程度。

6.3.5 商业模式层面发展建议

6.3.5.1 利用“互联网+”建立新型业务模式

石家庄市政府正在大力推动“互联网+”深度融入到制造业当中，响应“工业4.0”和中国制造2025（兰筱琳、黄茂兴，2018），特别是医药制造业、食品制造业等重点行业，其融入重点在于建立新型业务模式，从而改变整个行业的商业模式。首先，针对石家庄黑色金属冶炼和压延加工业等能力较差的行业所属企业，应丰富企业网站内容，并在第三方商品交易网站中设立店铺，增加线上业务量；其次，政府应构建行业全产业链的网络沟通平台，产品从设计、生产、销售等环节实现良好的反馈，产业链上各个企业可以根据反馈信息对工作进度进行实时调整；最后，政府的行业监管部门与企业联合建设石家庄市制造业全行业大数据风险预警系统，及时对制造业市场可能遭受的风险进行预警，使各制造业行业能够及时调整破坏性创新活动的实际内容，来平安度过各种危机。

6.3.5.2 企业发展强调“非竞争性”

商业模式破坏性创新能力强的行业有着共同的特征，那就是在竞争过程中表现出的“非竞争”性，既体现在同一行业的不同企业之间，又体现在不同行业与行业之间。企业具体可通过以下几种方法来提升“非竞争”特性，达到提升商业模式破坏性创新能力的目的：增加企业自身的资源利用效率，石家庄计算机、通信和其他电子设备制造业该能力较差，更多是因为行业的固定资产、流动资产流转速率较低，行业内有较多企业不能充分利用已有的各项资源来获取更多利润；提高企业生产产品的成本利润率，成本的降低才能使企业在不改变市场整体定价规则的基础下赢得更多利益，在此环节企业也应保持同行之间的定价默契，拒绝恶性的降价竞争。

7 京津冀采矿业开展"互联网+"破坏性创新的路径和对策

当今时代，互联网正势不可挡地改变着一切事物。由互联网引致的破坏性创新对企业、产业和市场所造成的冲击和破坏，由于网络效应和规模效应被无限放大。目前，破坏性创新已经被大量使用在各类企业和各种产业中，进行各类创新和创造，以提高企业和产业的竞争力。《京津冀协同发展规划纲要》明确了京津冀协同发展的指导思想，强调京津冀三地要立足各自比较优势、立足现代产业分工要求、以优化区域分工和产业布局为重点、着力调整优化经济结构和空间结构，着力推进产业升级转移。目前，京津冀协同发展面临两大问题：（1）产业协同发展问题；（2）产业结构升级优化问题。我国政府于2015年推出要把"互联网+"作为国家发展战略。本项目借鉴哈佛商学院克里斯坦森教授的破坏性创新理论，以京津冀地区采矿业为研究对象，分析京津冀采矿业现状和存在问题，并通过"互联网+"破坏性创新路径研究制订出合理的能力评价体系，再对京津冀采矿业开展"互联网+"破坏性创新的路径和对策进行研究，以规避"互联网+"破坏性创新对京津冀三地采矿业造成的冲击，有效利用"互联网+"破坏性创新来提升采矿业竞争力，实现产业优化升级，为京津冀采矿业的产业优化升级提供对策建议，并最终实现京津冀协同发展。

7.1 京津冀采矿业发展现状及现存问题分析

7.1.1 研究背景

技术创新是企业发展的生命，在现代市场竞争中具有重要作用，是推动国民经济结构战略性调整的重要内容。加强技术创新，是解决国家经济发展面临的深层问题、提高国民经济整体素质和综合国力的关键途径。然而在很多行业我国的创新能力还都很落后，我国不但被看作"非核心创新经济体"，技术指数排名还落后于很多国家（孙金曼，王帮俊，2012）。十九大报告中指出：发展不平衡不充分的一些突出问题尚未解决，发展质量和效益还不高，创新能力不够强，实体经济水平有待提高，生态环境保护任重道远。而对生态环境保护和实体经济的发展最突出表现在我国采矿业的创新能力发展方面。

京津冀地区包括北京、天津两大直辖市以及河北省是中国主要的高新技术和重工业基地，也是中国政治、文化国际交往、科技创新中心所在地，与长三角、珠三角一起被称为中国大经济增长极。然而，随着经济的快速增长和传统重工业比过大，导致近年来该地区能源消费量居高不下，由此带来的能源短缺和环境质量恶化问题，成为制约京津冀可持续发展的重要瓶颈（谢福泉、胡锈腾，2015）。京津冀地区的采矿业正受资源约束趋紧、环境容量有限、商务成本高等制约，能源消耗、单位产出和环境保护等指标与国际先进水平相比尚有较大差距。

7.1.2 京津冀采矿业经营现状分析

7.1.2.1 北京地区采矿业经营现状

通过查阅《北京统计年鉴》可知（见图 7-1），从企业现存数量上来看，北京地区 2017 年采矿业法人单位数为 17 个，其中占比较多的为黑色金属矿采选业和开采辅助活动，但北京地区法人单位数合计为 41471 个，相比之下采矿业的份额较少。从生产总值角度分析，北京地区采矿业生产总值呈现逐年下滑趋势，从 2013 年的 174.6 亿元下降至 2017 年的 63.4 亿元，总降幅达到 63.69%，与 2016 年的 132.2 亿元相比，最近一年降幅仅为 7.11%，对北京地区生产总值采矿业贡献值进行降幅排序，可发现 2016 年采矿业贡献值降幅最大，达到 51.15%。通常情况下，将原煤作为采矿业一次能源生产量，汽油、煤油、柴油、燃料油、液化石油气作为采矿业二次能源生产量，对 2005 年至 2017 年能源生产量进行趋势分析可得如图 7-1 所示的结果。

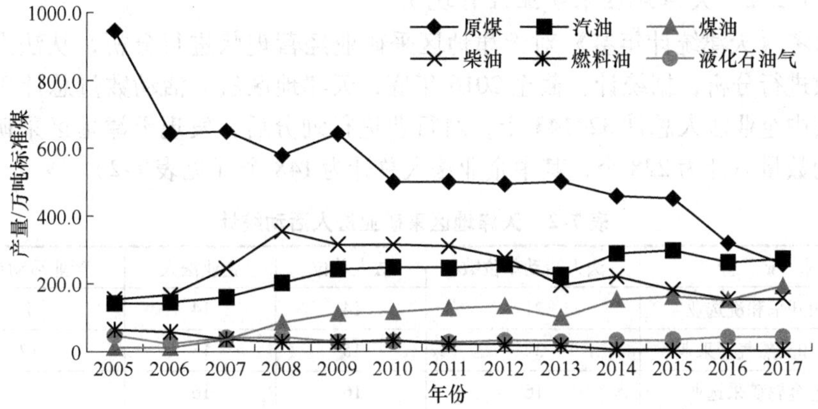

图 7-1 北京地区一次能源生产趋势图

（资料来源：《北京统计年鉴 2017》）

由图可知，原煤生产量呈现显著下降趋势，而汽油、煤油生产量基本处于逐年上升态势，其余二次能源生产量较为平稳。此外，燃料油产量和液化石油气一直处于较低水平。

北京地区规模以上采矿业工业企业数量仅为 17 家，其中煤炭开采和洗选业为 1 家、石油和天然气开采业为 2 家、黑色金属矿采选业 7 家、非金属矿采选业 2 家、开采辅助活动为 5 家，黑色金属矿采选业与开采辅助活动数据统计信息较为全面，通过数据调查发现，2017 年全年，北京地区 17 家规模以上采矿业工业企业有 8 家处于亏损状态，累积负债达 21723611 万元，全年营业收入仅为 4912956 万元，营业成本为 4610339 万元，扣除各项费用后全年采矿业亏损 732722 万元。经营现状不理想，北京地区规模以上采矿业工业企业平均用工人数为 43191 人，若企业长期亏损或转型失败，将会造成大量从业人员失业，为北京地区带来新的就业压力（见表 7-1）。

表 7-1　北京地区采矿业规模以上工业企业经营现状　（万元）

采 矿 业	企业总数	亏损企业	营业收入	营业成本	销售费用	管理费用	财务费用	利润总额
煤炭开采和洗选业	1	—	—	—	—	—	—	—
石油和天然气开采业	2	—	—	—	—	—	—	—
黑色金属矿采选业	7	4	3126991	3034167	6037	241124	323315	−529409
非金属矿采选业	2	—	—	—	—	—	—	—
开采辅助活动	5	3	1334728	1281584	2973	52127	24629	−288408
总　计	17	8	4912956	4610339	20793	365458	369365	−732722

资料来源：《北京统计年鉴 2017》。

7.1.2.2　天津地区采矿业经营现状

参考《天津统计年鉴》对天津地区采矿业经营现状进行分析，从法人活动单位数进行分析，据统计，截至 2016 年底，天津地区法人活动数量总计 385904 个，其中企业法人总计 324143 个，对行业进行划分后，发现天津地区采矿业法人活动数量总计为 228 个，其中企业法人总计为 148 个（见表 7-2）。

表 7-2　天津地区采矿业法人活动统计

采　矿　业	法人活动单位数	法人单位	企业法人	产业活动单位
煤炭开采和洗选业	21	14	14	7
石油和天然气开采业	32	15	15	17
黑色金属矿采选业	16	16	16	
有色金属矿采选业	5	5	5	
非金属矿采选业	61	43	43	18
开采辅助活动	83	46	46	37
其他采矿业	10	9	9	1
总　计	228	148	148	80

资料来源：《天津统计年鉴 2016》。

观察可知，天津地区采矿业法人活动单位数最大为开采辅助活动，最小为有色金属矿采选业，采矿业各类型分布极其不均匀，某些活动远低于平均水平。从能源产量角度进行分析，截取1996年至2016年一次能源生产量数据并进行产量趋势分析，可得到如图7-2所示的趋势。

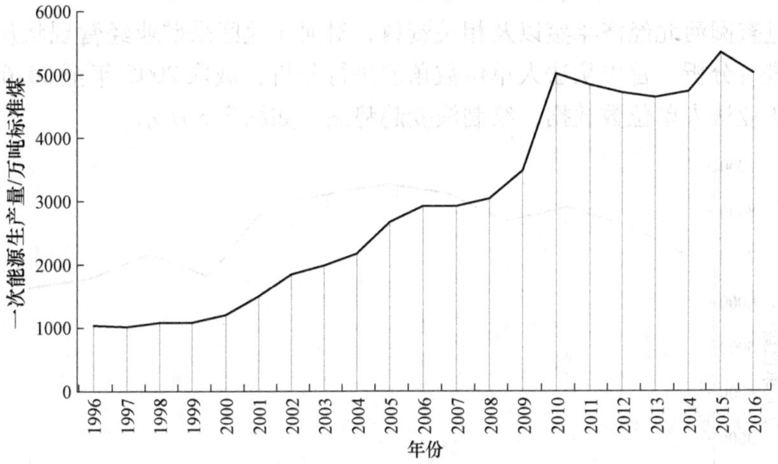

图7-2　天津地区一次能源生产量趋势图

（资料来源：《天津统计年鉴2016》）

1996年至2010年间，标准煤矿产量一直处于显著上升态势，2010年产量发生陡增，在2010年以后标准煤矿产量处于缓慢下降态势，逐渐趋于一个稳定值。天津地区的一次能源生产量变化趋势从侧面反映出采矿业在天津地区的需求趋于稳定，在2016年再次呈现出下颓趋势。从工业企业角度进行现状分析可知，天津地区采矿业规模以上工业企业共计19家，从业人员达到72155人，主营业务收入为9387974.3万元，利润总额为1692489.4万元，利润转化效率较低。其具体情况见表7-3。

表7-3　天津地区采矿业规模以上工业企业经营现状

采　矿　业	企业单位数	从业人员数/人	主营业务收入/万元	利润总额/万元
煤炭开采和洗选业	3	1433	105975.5	9021.7
石油和天然气开采业	2	20306	6013803.2	1540381.2
黑色金属矿采选业	3	2308	967265.6	163793.6
非金属矿采选业	4	6560	146631.7	5998.3
开采辅助活动	7	41548	2154298.3	-26705.4
总　计	19	72155	9387974.3	1692489.4

资料来源：《天津统计年鉴2016》。

石油和天然气开采业企业单位数仅为2家，但从业人员数远高于其他产业，其主营业务收入、利润总额也高于平均水平，因此天津地区石油和天然气开采业的发展水平较高，其财务状况要优于煤炭开采和洗选业、黑色金属矿采选业以及非金属矿采选业。

7.1.2.3 河北地区采矿业经营现状

通过查阅河北经济年鉴以及相关资料，对河北地区采矿业经营现状从以下几个方面进行分析。首先从法人单位数角度进行分析，截取2005年至2016年河北地区采矿业法人单位数数据，绘制演变趋势图，如图7-3所示。

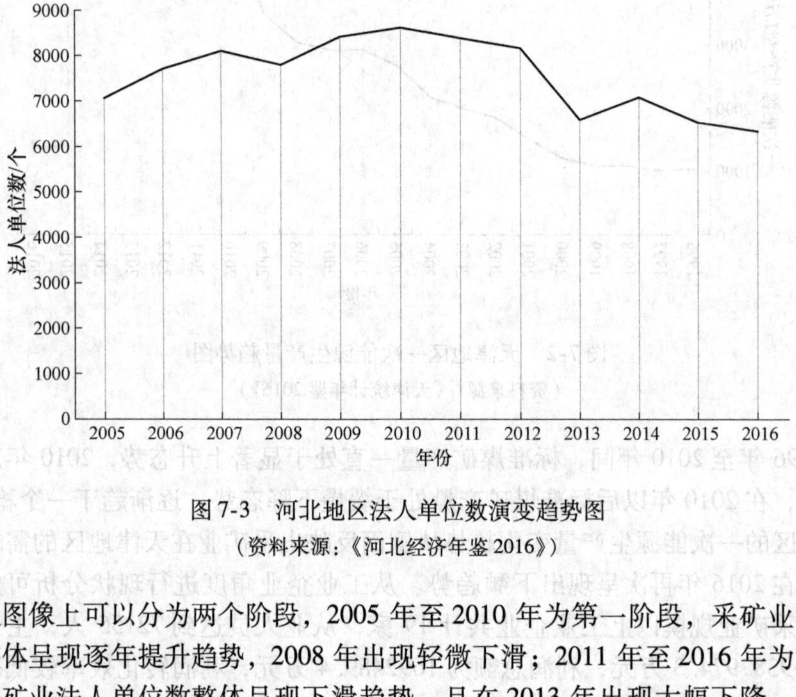

图7-3 河北地区法人单位数演变趋势图

（资料来源：《河北经济年鉴2016》）

从图像上可以分为两个阶段，2005年至2010年为第一阶段，采矿业法人单位数整体呈现逐年提升趋势，2008年出现轻微下滑；2011年至2016年为第二阶段，采矿业法人单位数整体呈现下滑趋势，且在2013年出现大幅下降。从采矿业法人单位数的数量演变趋势中可直接观察到河北地区采矿业行业范围的缩小，总体容量的萎缩从另一方面印证了采矿业正处于收缩转型阶段。

其次，从一次能源生产总量及其构成角度进行分析，通过数据搜集，得到河北地区1981年至2016年一次能源生产总量时间序列数据，制作趋势演化如图7-4所示。

河北地区标准煤生产量从1981年起至2003年产量波动幅度不大，且整体处于较低水平，从2004年起至2016年产量均突破6000万吨，整体处于较高水平，在2012年达到峰值9560万吨。两个时间段的产量水平不同，反映出两个阶段的河北地区采矿业技术水平、能源需求有显著差异。最后，通过对河北地区采矿业规模以上工业企业运营情况进行数据统计，得到表7-4。

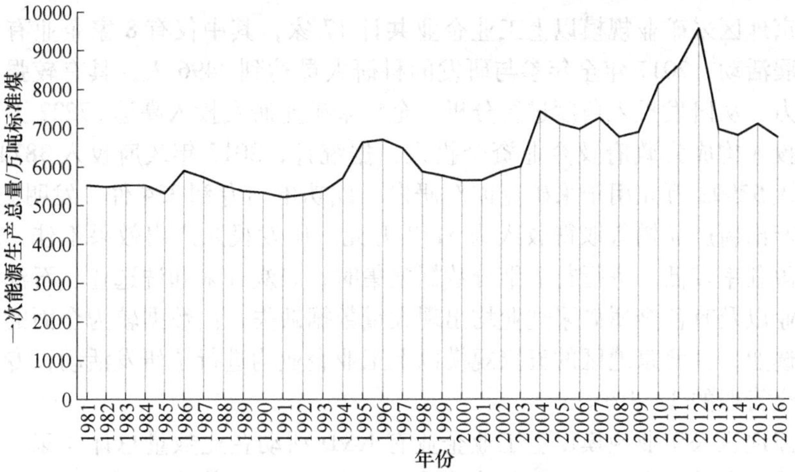

图 7-4 河北一次能源生产总量演变趋势图

（资料来源：《河北经济年鉴 2016》）

表 7-4 河北地区采矿业规模以上工业企业运营现状

采 矿 业	企业单位数	资产总计	主营业务收入	主营业务成本	营业利润	利润总额
煤炭开采和洗选业	112	1984.86	1193.74	1059.04	9.96	17.19
石油和天然气开采业	2	638.24	118.72	133.37	-61.3	-65.16
黑色金属矿采选业	387	2064.07	1637.22	1282.34	246.06	246.06
有色金属矿采选业	14	51.65	45.8	35.43	5.62	5.89
非金属矿采选业	81	73.77	117.99	104.24	2.29	6.47
总 计	596	4812.59	3113.47	2614.42	202.63	210.45

资料来源：《河北经济年鉴 2016》。

河北地区采矿业企业单位总计 596 家，其中煤炭开采和洗选业占总数量的 18.79%、黑色金属矿采选业占总数量的 64.93%，在行业内竞争较为激烈。黑色金属矿采选业营业利润额最高，为 246.06 亿元，其余营业额均不超过 10 亿元，石油和天然气开采业处于亏损状态，且亏损额高达 65 亿元。从整体上看，河北地区采矿业经营效果不太理想，仍处于较低水平的盈利状态，有个别行业出现亏损。

7.1.3 京津冀采矿业创新环境分析

一个地区的规模以上工业企业研究与试验发展活动基本情况可对一个地区的创新环境进行客观描述，通过查阅相关统计年鉴，对北京、天津、河北三个地区的创新环境有了初步了解。

北京地区采矿业规模以上工业企业共计17家，其中仅有8家企业有研究与试验发展活动，2017年全年参与研发的科研人员达到3496人，具有较强的创新研发实力。从研发投入角度进行分析，全年采矿业研发投入高达57222万元，其中主要投入构成为政府及企业资金投入，据统计，2017年政府投入3874万元、企业投入52992万元用于采矿业创新研发。成功申请专利354件，发明专利218件，生产出新产品销售取得收入为5118万元。研发投入产出效果不佳，新产品的开发盈利率较低。进行行业细分数据搜集时，煤炭开采和洗选业、石油和天然气开采业以及有色金属矿采选业均出现大量数据缺失，而数据较为全面的为非金属矿采选业，其北京地区的五家规模以上工业企业均进行了研发活动，专利申请数占据全行业的32.3%。

天津地区采矿业规模以上工业企业有R&D活动企业数量总计8家，其中石油和天然气开采业有2家，研发支出高达4.43亿元，共计98个R&D项目；黑色金属矿采选业仅有1家，研发总支出为0.03亿元，仅有1个R&D项目；非金属矿采选业有2家，研发支出总计0.67亿元，共计51个R&D项目；开采辅助活动有3家，研发支出高达5.96亿元，共计302个R&D项目。天津地区采矿业的创新研发主要集中在开采辅助活动、石油和天然气开采业，虽然在行业内研发投入较多，但对全行业研发投入进行对比可知，天津地区研发总投入为349.96亿元，采矿业仅占3.17%，处于较低水平。此外，天津地区研发机构共计951家，其中采矿业研发机构仅7家。综上，天津地区采矿业研发投入不均匀，研发项目较少，天津地区采矿业创新环境较为恶劣。

河北地区采矿业规模以上工业企业研究与试验发展总体投入要高于北京、天津地区。其中煤炭开采与洗选业2016年R&D人员共计1986人，研发支出为85547.4万元，R&D项目数合计245项；石油和天然气开采业2016年R&D人员共计1550人，研发支出为34157.9万元，R&D项目数合计289项；黑色金属矿采选业2016年R&D人员共计33人，研发支出为5853.5万元，R&D项目数合计18项；非金属矿采选业2016年R&D人员共计39人，研发支出为693.2万元，R&D项目数合计10项。可发现河北地区采矿业研发创新集中在煤炭开采和洗选业、石油和天然气开采业，从侧面反映出以上两个细分行业创新氛围较好。但从河北省R&D数据来看，全省R&D人员总量为82971人，采矿业仅占4.35%；全省研发投入为3086607.6万元，采矿业仅占4.09%；全省研发项目数为9533项，采矿业仅占5.9%。综上，河北地区采矿业研发支出较全省研发投入较低比例，投入比例较少，科研人员配置率较低，影响采矿业整体创新水平的提升。

7.1.4 京津冀采矿业存在问题分析

通过对京津冀采矿业经营现状及创新环境分析，发现京津冀采矿业存在以下几个方面问题：

采矿业所属企业数量少，行业间竞争力差。京津冀地区区域协同发展正在进行中，北京、天津地区处于产业转型的关键阶段，采矿业属于高耗能高污染行业，但又不可或缺。企业数量的持续走低，意味着部分企业在政策上或公司战略上对主营业务范围进行了调整，存在少数开采辅助企业停顿转型或重组现象。三大产业中第三产业已成为主流，随着技术革新，新型产业及服务行业的发展对资源配置更加高效合理，对供应链上端的外部需求依赖性降低，因此采矿业必然面临规模的缩减，企业数量的减少不利于采矿业整体形成竞争激励模式。

采矿业规模以上工业企业收益率低，多数企业处于亏损状态。采矿业发展普遍面临高成本低收益问题，固定资产投入较多、经营渠道比较单一、国际进口贸易竞争环境激烈等因素造成国内采矿业发展持续疲软，虽然在政策扶持下，多数企业仍维持正常经营活动，但经营效率低，产品的同质性较强，很难形成差异化优势。此外，主营业务成本会随其他行业价格增长以及环境监管标准的提升而增长，例如其供应链上下游运输费用的增加、矿区环境恢复与治理等，都降低了采矿业在京津冀地区的盈利性。

采矿业研发环境脆弱且各地区侧重点不同。全行业研发投入的持续增产未能拉动采矿业的同幅提升，研发活动投入产出效率较低，且研发领域较为狭窄，很难在环境保护监管下做到产品的品质提升，采矿业产品质量很大程度上依赖资源本身，国内外对于开采、加工等生产链上的创新均处于探索期。京津冀地区的采矿业研发专项科研机构数量较少，科研人员从事相关研究数量不多，也是采矿业整体研发投入转化效率低的原因。此外，对比发现京津冀地区研发侧重点不同，北京地区更侧重于非金属矿采选业的研发创新；天津地区更侧重于开采辅助活动的研发创新；河北地区则是集中于煤炭开采和洗选业、石油和天然气开采业。

7.2 京津冀采矿业转型和协同发展准则分析

7.2.1 经济新常态

经济新常态是与旧的经济常态不同的经济发展模式和经济形态，我国目前经济已经由高速度增长转为中高速增长，经济常态是一种稳定的经济结构。在2014年对河南的考察过程中，习近平总书记第一次提及“新常态”这一新名词，他认为经济新常态能够代表目前我国正在发生的变化。新常态的含义中，新就是指不同于旧的事物，它是包含了旧事务所不能接受和容纳的新的东西。新常态是一种和以前不相同但是又有一定联系，在以前的一定程度上进行发展了新的一种可持续的状态。

经济新常态主要特点：

(1) 速度——从高速增长转变为中高速增长；

（2）结构——经济结构不断优化升级；

（3）动力——从要素驱动、投资驱动转向服务业发展及创新驱动。

7.2.2 京津冀协同发展背景

2013年，京津冀三地政府分别签署了新一轮合作框架协议，涉及基础设施建设、产业分工合作、生态环境保护、科技研发等多个领域。三个合作协议的签署，成为京津冀协同发展达成共识的标志。2014年2月26日，习近平总书记在北京主持召开座谈会，专题听取京津冀协同发展工作汇报，强调实现京津冀协同发展，是面向未来打造新的首都经济圈、推进区域发展体制机制创新的需要，习总书记北京讲话标志着京津冀协同发展上升为国家战略。2015年4月30日，中共中央政治局审议通过了《京津冀协同发展规划纲要》，京津冀协同发展作为国家重大战略正式进入实施阶段。

《京津冀协同发展规划纲要》明确了京津冀协同发展的指导思想：以有序疏解北京非首都功能、解决北京“大城市病”为基本出发点，坚持问题导向，坚持重点突破，坚持改革创新，立足各自比较优势、立足现代产业分工要求、立足区域优势互补原则、立足合作共赢理念，以资源环境承载能力为基础、以京津冀城市群建设为载体、以优化区域分工和产业布局为重点、以资源要素空间统筹规划利用为主线、以构建长效体制机制为抓手，着力调整优化经济结构和空间结构，着力构建现代化交通网络系统，着力扩大环境容量生态空间，着力推进产业升级转移，着力推动公共服务共建共享，着力加快市场一体化进程，加快打造现代化新型首都圈，努力形成京津冀目标同向、措施一体、优势互补、互利共赢的协同发展新格局，打造中国经济发展新的支撑带。

《京津冀协同发展规划纲要》提出了京津冀协同发展的基本原则：一是改革引领，创新驱动。二是优势互补，一体发展。三是市场主导，政府引导。四是整体规划，分步实施。五是统筹推进，试点示范。

7.2.3 京津冀采矿业转型升级和协同发展准则

结合我国处于经济新常态、京津冀协同发展背景和“互联网+”对传统产业的重大影响，提出京津冀采矿业转型升级和协同发展准则：

（1）创新发展。技术创新是民族进步的灵魂，是国家兴旺发达的持久动力，是经济可持续发展的必然之路。国家或地区之间经济实力的比拼，从来不靠GDP，而是靠技术创新和对产业链的掌控。国家“十三五”规划建议提出，要深入实施创新驱动发展战略，发挥科技创新在全面创新中的引领作用，强化原始创新、集成创新和引进消化吸收再创新，强化企业创新主体地位和主导作用，支持科技型中小企业健康发展，形成一批有国际竞争力的创新型领军企业。我国经济处于“新常态”，经济新常态主要特点之一就是经济发展动力从要素驱动、投资驱动转向创新驱动。创新发展应该是京津冀传统产业升级优化的动力和方向，京津冀传统产业要借助“互联网+”，运用现代信息技术，对产品、研发模式、组织运营等进行流程再造，实现产业升级优化。

（2）绿色发展。关于人类社会的文明史，一种公认的说法是：农业文明是“黄色文明”，工业文明是“黑色文明”，生态文明则是“绿色文明”。按照科学史家库恩（1962）的科学范式理论，对于传统工业文明的增长模式造成的资源环境问题，可以有两种不同的调整方式。一种是修补式、应对式的反思和调整，例如在污染造成以后进行治理。另一种则是变革式、预防式的反思和调整，例如通过变革生产和生活模式，使得污染较少产生甚至不再产生。褚大建教授将两种模式分别称为浅绿色和深绿色，而只有深绿色才是生态文明的真正内涵。我国目前正在进行中国特色生态文明建设的伟大实践，京津冀传统产业的升级优化要符合生态文明建设的各项原则，建设生态经济，实现绿色发展。

（3）协同发展。《京津冀协同发展规划纲要》提出了京津冀协同发展的基本原则，京津冀三地要实现优势互补，一体发展。京津冀三地传统产业要立足各自比较优势、立足现代产业分工要求、立足区域优势互补原则、立足合作共赢理念，以资源环境承载能力为基础、以京津冀城市群建设为载体、以优化区域分工和产业布局为重点、以资源要素空间统筹规划利用为主线，推进产业升级优化，实现协同发展。

（4）循环发展。发展循环经济是我国的一项重大战略决策，是落实党的十九大推进生态文明建设战略部署的重大举措，是加快转变经济发展方式，建设资源节约型、环境友好型社会，实现可持续发展的必然选择。当前，我国已进入全面建成小康社会的决胜阶段，随着工业化、城镇化和农业现代化持续推进，我国能源资源需求将呈刚性增长，废弃物产生量将不断增加，经济增长与资源环境之间的矛盾更加突出，发展循环经济的要求更为迫切。京津冀地区以2.25%的土地面积集聚了中国8.09%的人口和9.98%的GDP（2017年数据），京津冀区域水资源占比为0.51%，煤炭资源占比1.99%，铁矿资源占比14.46%（2015年数据），由于一些传统产业仍旧沿袭着“高投入、高消耗、高污染”的发展模式和“先污染、后治理”的防治方式，致使区域工业污染物排放总量居高不下，主要污染物排放总量远远超出了环境的承载能力。推行循环经济有利于由过去的大量消耗资源（能源）转变为综合利用资源、节约能源，提高资源的利用效率，可以缓解京津冀区域资源短缺的现状。同时，发展循环经济也是增强企业竞争力的重要措施。

（5）低碳发展。低碳概念是在应对全球气候变化、提倡减少人类生产生活活动中温室气体排放的背景下提出的。英国在其2003年《能源白皮书》中首次正式提出"低碳经济"的概念，指出低碳经济是通过更少的自然资源消耗和环境污染，获得更多的经济产出，通过创造更高的生活标准和更好的生活质量的途径和机会，为发展、应用和输出先进技术创造新的商机和更多的就业机会。随后，低碳的理念由经济发展领域扩展到社会生活领域。从宏观层面讲，低碳经济指的是经济增长与能源消耗增长及 CO_2 排放相脱钩。从微观上的物质流过程来看，低碳经济包括下列三个方面的经济活动：在经济过程的进口环节，要用可再生能源替代化石能源等高碳性的能源；在经济过程的转化环节，要大幅度提高化石能源的利用效率；在经济过程的出口环节，要通过植树造林、保护湿地等措施增加地球的绿色面积，吸收经济活动所排放的 CO_2，即所谓碳汇。京津冀采矿业的升级转型要转向低碳方向，使产业发展在资源环境的承载力范围内，实现可持续发展。

7.3 "互联网+"破坏性创新对采矿业的影响

王洪武与吴爱祥（王洪武，吴爱祥，2003）分别从采矿工业科技创新的现状和经济全球化对我国采矿工业科技创新的影响两方面进行研究，提出应建立以企业为主体、企业技术中心和高校为核心的采矿工业科技创新体系，实现优势资源、资本和人才的结合，通过大型矿山企业的科技创新和技术进步，带动中小型矿山企业技术水平的提高。冯夏庭和王泳嘉（冯夏庭，王泳嘉，1995）认为采矿中的许多问题还只能凭实践经验最后拍板定论，这是阻碍采矿工业发展的根本原因，对此提出21世纪采矿科学发展的新方向为智能采矿学。提升采矿业创新能力是对社会、对环境负责的一种表现，负责任矿业开发已成为全球共识，将有助于减少商业挑战与风险，有助于《2030年可持续发展议程》目标的实现（刘伯恩，2016）。

目前，破坏性创新已经被大量使用在各类企业和各种产业中，进行各类创新和创造，以提高企业和产业的竞争力。当今时代，互联网正势不可挡地改变着一切事物，由互联网引致的破坏性创新对企业、产业和市场所造成的冲击和破坏，由于网络效应和规模效应被无限放大。

2015年李克强总理所做政府工作报告中提到"互联网+"的概念，同年签发了《关于积极推进"互联网+"行动的指导意见》，我国政府推出要把"互联网+"作为国家发展战略。"互联网+"是指用互联网思维来重构商业模式、经营理念、组织流程和产业价值链。互联网对企业的影响经历了4个阶段：一是传播层面的互联网化，即网络营销，通过一些门户网站来展示产品和品牌；二是渠道层面的互联网化，即电子商务；三是供应链层面的互联网化，借助互联网的优势整合价值链以满足顾客的个性化需求，即顾客定制；四是价值链层面的互联网化，要求用互联网思维对企业的组织、流程、经营理念进行重构，使其全面互联网化。只有第四个层面才能称为“互联网+”(互联网对企业的影响深度如图7-5所示)。

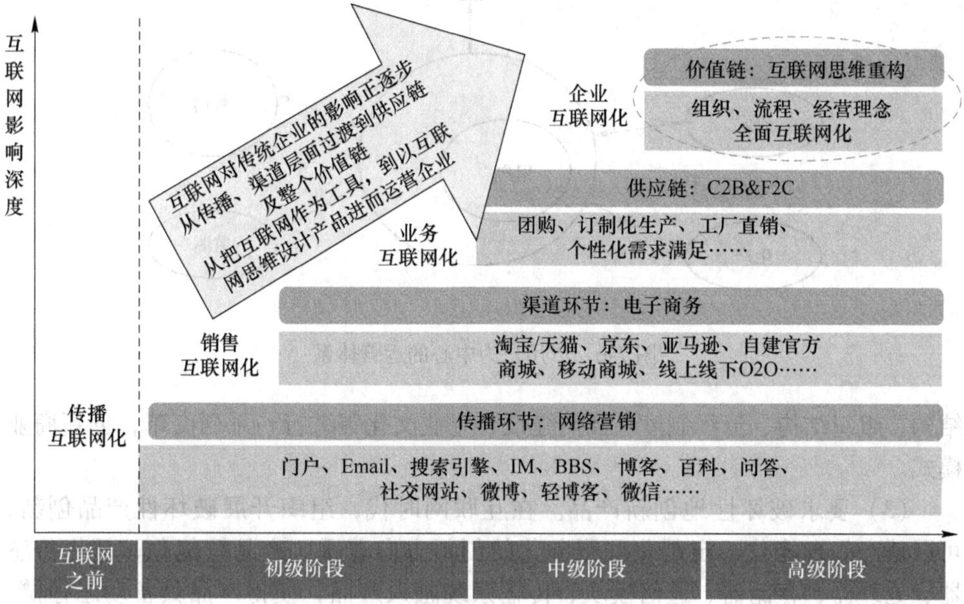

图7-5 互联网对企业的影响深度图

综上，“互联网+”破坏性创新是指借助于互联网的思维来对企业的技术、产品（服务)、流程或商业模式进行彻底的思考和再设计，使企业显著改变其传统的竞争规则，并改变现有的市场需求和竞争格局。

“互联网+”破坏性创新要求组织借助于互联网思维对其技术、产品（服务)、流程或商业模式进行彻底的思考和再设计。“互联网+”对传统产业的影响体现在以下几个方面：

(1) 要求以用户为中心构建组织的运营体系。“互联网+”颠覆了传统的商业模式。传统商业模式建立在付费客户的基础上，互联网时代的商业模式，建立在免费用户的基础上。通过免费、补贴、硬件成本价等手段争夺用户，进而在海量用户的基础上建立新的盈利模式。用户思维要引导用户全面参与企业的研发、生产、监测、营销和服务，以用户为中心构建组织的运营体系（见图7-6)，这样不仅可以大大提升用户体验，同时也极大地降低了组织运营的风险与成本。

(2) 要求以O2O的方式创新组织的商业模式。O2O即Online to Offline，是互联网时代线上与线下互动的商业模式。最初，许多传统企业为了拥抱互联网，通常是成立专门部门开展电子商务，但是很快发现线上的电子商务和线下的传统渠道存在诸多冲突。解决这个问题，不能只停留在营销层面，需要对组织的业务

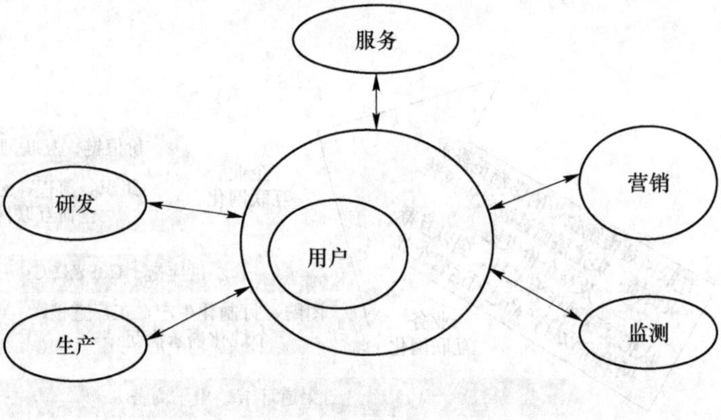

图7-6　以用户为中心的运营体系

结构、组织结构、流程制度、团队建设、企业文化等进行一系列变革，创新商业模式。

（3）要求破坏性地创新产品。在互联网时代，组织开展破坏性产品创新，可以从产品智能化、定制化和服务化的创新方向着手。产品智能化，是将传感器、处理器、存储器、通信模块、传输系统融入产品，使得产品具备动态存储、感知和通信的能力，进而实现产品的可追溯、可识别、可定位。如手机从功能机变为智能机。产品服务化，是指为用户提供综合解决方案，而不是仅仅提供产品。如小米的基于社区的顾客数字生活方式解决方案。产品定制化，要求改变传统的大规模制造方式为大规模定制方式，以工业化的方式大量满足互联网时代用户的个性化需求，如红领西服，从大规模制造到大规模全定制。

（4）要求采用并行工程开发产品。传统产品开发流程是串行流程，产品开发从需求分析、产品结构设计、工艺设计，一直到加工制造和装配，依次在各部门之间顺序进行。这种开发方式，部门之间缺乏协调，“抛过墙”现象严重；时间长；设计的产品不能满足顾客需求，制造性、装配性差；产品设计阶段，工艺、制造人员不能加入，不能及早发现缺陷，费用高；各下游开发部门具有的知识难以加入早期设计；各部门对其他部门的需求和能力缺乏理解，目标和评价标准的差异和矛盾降低了产品整体开发过程的效率。并行工程是对产品及其相关过程，包括制造过程和支持过程，进行并行、一体化设计的一种系统化方法，力图从一开始就考虑到从概念形成到产品报废的所有因素。主要思想：设计的同时考虑产品生命周期的所有因素，作为设计结果，同时产生产品设计规格和相应的制造工艺及生产准备文件；产品设计过程中各活动并行交叉进行；与产品生命周期有关的不同领域技术人员的全面参与和协同工作；高效率的组织结构，开发小组。

7.4 京津冀采矿业的破坏性创新特征

7.4.1 破坏性创新的模式与识别

7.4.1.1 破坏性创新的模式

克里斯坦森认为破坏性创新不同模式对市场结构改变的着力点不同，主要可划分为三种模式，分别是从最底端市场发起进攻破坏的模式——低端破坏（low-end disruptions）、开拓新产品和发现新需要中对新市场空间进行破坏的模式——新市场破坏（new-market disruptions），以及将新旧市场进行组合破坏的模式——混合破坏（mix disruptions）(Christensen，Johnson，et al.，2008；Claytonm Christensen，2014)。

A 低端破坏

低端指的是占据原有价值网络的最底端，低端破坏指的是对最无利可图、服务要求最低的市场发起攻击的破坏。这种破坏虽然没有形成新的市场，但它革新了行业的传统营运模式，即通过压缩自身生产成本来获取具备较低消费能力的顾客。例如小型超市对大型百货商店的破坏，当小型超市利用低端破坏，即利用超低水平的销售价格向百货商店发起进攻时，百货商店将面临以下两种选择：一种是直接降低价格，留住大量喜欢实惠的顾客，但会造成大面积的亏损；另一种是保持盈利水平但降低相应的服务，则享受服务的老顾客又会大量流失。最后，百货商店一般会放弃遭受低端破坏的产品，全力转向获利率更高的化妆品或流行的服装产品，其实这种转移是一种对低端破坏的妥协，虽然保留了百货商店的原有盈利水平，但其他产品仍有面临低端破坏的危机。

低端破坏不是生产假冒伪劣产品来降低成本欺骗消费者，而是进一步，通过删减对消费者没有额外效用的组件或功能来降低成本，并将这种节约的部分收益让渡给消费者，从而提高消费者总体效用。

B 新市场破坏

新市场破坏是破坏性创新的另一种模式，新市场创新与其他模式不同，这一模式将会产生与原来不同的消费群体，即将潜在的或者不存在的消费群体变为目前市场中的实际消费群体，从而产生新的客户价值感知体系。新市场破坏创新的原始应用者都是没有产品相关消费经验的客户，这些客户没有使用过与之相关的主流产品的经验。比如佳能的台式复印机就是新市场破坏创新的例子，因为佳能的台式复印机使之前没有复印经验的人们开始方便地在办公室复印资料，以前他们只能将原件拿到专门的高速复印中心由技术人员帮助完成这个复印工作。新市场破坏的主要任务不是直接与当前主流产品进行竞争，而是努力扩大自身产品的吸引点，去争取市场中原来不属于自身产品的潜在消费群体。Christensen 认为虽然新市场破坏在初期时并不具备与行业内主流产品产生激烈竞争的能力，但随着创新产品性能的不断改进与适应，最终逐步让顾客脱离原来的消费价值结构，而进入这个起初从最不挑剔的市场层级发展起来的新消费网络。“破坏性创新不会主动侵犯主流市场，而是使客户脱离这个主流市场而进入新市场，因为这些顾客会发现新产品要比旧产品更加便利。”

C 混合破坏

混合破坏常常被区别于低端破坏和新市场破坏，从理论上说，混合破坏是低端破坏和新市场破坏的结合体。Christensen 认为在实际研究中，大部分的破坏性创新都带有混合的性质。比如，西南航空公司的高速增长实际上是通过混合性破坏取得的。初始阶段，西南航空公司以之前经常使用小汽车和公共汽车的人群作为目标顾客，这些人群的特点是没有乘坐飞机的消费习惯。但是这些目标顾客并不仅仅是西南航空公司的唯一目标顾客，与此同时，西南航空公司又从主要航空公司的价值结构的低端市场中去拉拢大量顾客。嘉信理财公司也是一个混合型破坏者，它通过降低交易费用来从全程服务商（收费较高）那里夺走了部分客户，但是它又通过拉拢那些过去未进行过股票交易的群体——比如学生，去培养他们购买和交易股票的消费习惯，从而创造了一个新市场。

7.4.1.2 破坏性创新的识别

几乎不存在某种创新模式从一开始就具备完全的破坏特征，任何一种创新都必须在创意、设计、商品化、分销、广告等各个商业环节被不断地加以检验和完善。因此识别破坏性创新不仅有助于我们了解创新的本质特征，也有助于企业开展破坏性创新活动。对于早期的破坏性创新，人们常常定义其拥有典型的更简单、更便宜、更可信赖和更方便的技术，“简单、方便、便宜”被视为破坏性创新初始形成阶段的特征。同时，破坏这一术语是相对来说的，对一个行业具有破坏性的创意可能对另一个行业是维持性的（Christensen，Raynor，2003）。

在位企业是指那些在市场中占据主导地位的企业，它们通过向消费市场中最好的顾客销售更好的产品来获取高额利润，这种创新是维持性创新而非破坏性创新。维持性创新不止局限于细微的、渐进的工艺改进，还有在原有产品功能轨迹上的跳跃性改进。与维持性创新相比，破坏性创新所针对的目标顾客往往不处于在位企业的目标顾客的定位范围内。尽管破坏性创新其实只是对现有技术的简单的改进和调整，但是在这场商业游戏中，新的进入者击败在位企业的几率非常高，因为在位公司由于其市场地位往往会缺乏动力去争取胜利，从而在竞争中被新进入者逐渐淘汰。

Christensen 研究了在位企业的维持性创新、低端市场的破坏性创新和新市场的破坏性创新三者之间的关系，从目标产品或服务的性能、目标顾客或市场的应用、对要求的商业模式的影响这三个维度来挖掘出三种破坏性创新的具体区别。

他还分析了新市场的破坏性创新和来自低端市场的对现行商业模式进行破坏性创新所必须具备的特征。其中新市场破坏性创新必须具备：首先，创新所针对的目标顾客是否是过去由于缺乏金钱和技术而无法自己完成相应的工作。许多最成功的破坏性创新是通过提供给人们直接的产品和服务来增长业务，而这些产品和服务在主流市场上非常昂贵，目标顾客很难获得。其次，创新所针对的是否是那些青睐于简单产品的顾客。破坏性产品必须在技术上简单易懂，以那些乐于使用简单产品的顾客为目标。在位公司的资源分配程序会对创新机会的大小和可能性进行量化，将潜在的破坏性创新强行纳入到显而易见的、可测度的、现存的市场应用中去，这实际上将破坏性创新放置到现存市场上与维持性创新相抗衡的位置上。在现存市场上破坏性创新不仅花费巨大，而且通常会导致失败。创新能否帮助客户更简单、更有效地完成他们正努力试图完成的工作。个人电脑和索尼公司生产的第一台电池晶体管袖珍无线电收音机就属于新市场破坏。

来自低端市场的商业模式破坏性创新必须具备两个特点：现有的产品是否足够让低端市场的顾客满意；能否创造出不同的商业模式。破坏性创新的商业模式由利润很低而净资产很高的成本结构、运作过程和分销系统三个部分构成。比如，Wal-Mart 和 K-mar 对传统的百货店的运作就是低成本商业模式的破坏。还有日本的汽车进入北美市场也是属于低端市场的商业模式破坏，这种创新并没有创造出新的市场。Richard Leifer（Leifer，2001）根据对原有技术改进的强度来识别破坏性创新，他认为一项创新应具备以下一个或几个方面改进，才应算作破坏性创新：具备一系列全新的性能特征；已知性能特征提高 5 倍或 5 倍以上；产品成本大幅度削减。

Thomond 和 Lettice（2008）则认为一项创新要具有破坏性必须具备五个特征：（1）它的成功起源于满足新出现的或利基市场上过去所无法满足的需求。（2）它的绩效特征在很大程度上取决于利基市场的顾客，但一开始并没有被主流市场所接纳。主流市场的顾客以及同行竞争者看中的绩效特征的差异，因此他们认为破坏性创新不够水准。（3）利基市场会使产品、服务和商业模式上的投资的绩效不断提高，并创造出或进入新的利基市场，从而扩大顾客的数量。（4）随着行业对产品、服务和商业模式的认知度增加，主流市场对破坏性创新价值的理解会发生改变。（5）主流市场对破坏性创新价值理解的观念改变使破坏性创新破坏取代现有的主流产品、服务或商业模式。

类似的，John W. Kenagy（2002）也提出了破坏性创新所必须具备的五个特点：初始功能技术简单，甚至较差；从根本上是简单的、低成本的商业模式，发源于被忽略或对市场主导者没有太大金融吸引力的市场层面；其所处市场在制度和规则上受到的阻碍很小；工艺逐步改进过程中的破坏性创新在工作方式上对老顾客没有太大影响；这种创新最终可以使更多具有熟练技能的人们去从事以前必须集中由代价昂贵的专家来完成的工作，而这种变化无需进行等价金钱交易。Govindarajan 和 Kopalle（2010）在上述前人的研究基础上提出破坏性创新的五点特征：无法提供主流客户较满意的服务；主流客户不认可新产品提供的价值；在导入期，新产品只能吸引低端市场中那些对价格敏感的客户，达不到在位企业的获利要求；比现有产品价格更便宜，使用方式上更简单；随着产品性能改良，新产品能够逐渐吸引主流客户。

上述学者对破坏性创新的理解都紧扣创新与市场的关系这一要点，总结上述观点，本部分研究认为，辨别一项创新是否属于破坏性创新应从技术、产品、市场与竞争四个方面来进行综合考量和定义。

A　技术方面

首先在技术方面，如前文所论证的那样，破坏性创新必须创造出不同于原有技术轨迹的新技术轨迹，且新的技术轨迹在性能改善速度上有更好的表现，如图 7-7 所示。破坏性创新的技术并不要求从一开始就比现行技术更完善或提供更高的产品溢价，但是它必须能够提供吸引部分消费者的新的产品价值结构。随着产品性能改进，新的价值结构会逐渐成为行业内新评价标准，使得新技术有机会侵蚀旧技术。

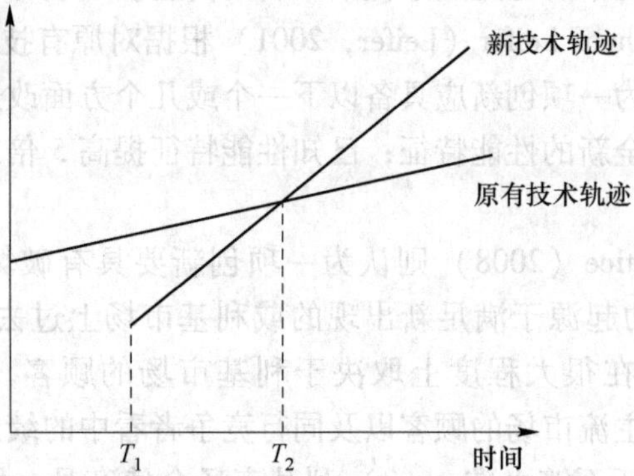

图 7-7　性能轨迹变化示意图

B　产品方面

在产品性能上，破坏性创新应具备初始阶段的低端性、简便性以及顾客价值导向性。破坏性创新与维持性创新在各自所立足的市场基础是大不相同的，一般而言破坏性创新立足于低端市场，而维持性创新往往定位于高端市场。这一层面反映了破坏性创新的本质，它是由破坏性创新的概念所决定的，如果破坏性创新一开始就立足于现有的主流市场，那么这种创新就变成了维持性创新，即维持现有市场在位企业的创新。也正因为破坏性创新具有的低端性，现有主流市场的竞争者会忽略掉破坏性创新，通过破坏性创新的新的进入者能够避开现有高端市场的激烈竞争，从而发展壮大。破坏性创新的简便使得使用者变得更为广泛，并使产品的价格更加低廉，从而让更多的人能够用得起，这为破坏性创新的发展提供了良好的市场条件，不至于过早的夭折。同时，简便性特征也使得现有在位企业之间的竞争者对破坏性创新不屑一顾。另外，简便性也为创新的市场扩散提供了良好的条件，如果操作太复杂那将不利于创新在产业中的扩散发展。简便性实际上表明了破坏性创新的生存和发展的市场基础。而顾客价值导向性要求创新要能够使顾客更好地、更有效率地完成原来工作。这表明了破坏性创新的价值所在，即帮助顾客创造价值，以顾客价值为导向。缺少顾客价值导向性这一点，破坏性创新就失去了存在的价值。

C 市场方面

在市场方面，破坏性创新应具备初始阶段的边缘性。破坏性产品应该首先出现在新兴的或不太重要的边缘市场上。在这样的市场空间中，在位企业往往会忽略掉破坏性创新。有时在位企业为了提高企业的整体利润水平，往往还会主动放弃这些边缘市场，因为边缘市场中的顾客不能或者不愿为已有的主流产品支付超出预期的价格。虽然边缘市场所获利率相对较低，但是对于后发企业来说，采用新技术、新流程或者新的商业模式仍然可以获得维持生存和发展的净利润，从而为后续的市场破坏奠定物质基础。

D 竞争方面

破坏性创新在市场方面的特征决定了其在竞争方面具有相当的“非竞争性”。这里的非竞争性与经济学中常见的公共产品的“非竞争性”内涵不同，这里的非竞争性是指破坏性创新不与现有主流市场竞争者争夺客户，而通过满足现有主流产品的“非消费者”来求得生存与发展。由于和主流市场不存在直接的竞争关系，因此在位企业会忽视或者容忍后发企业在行业中的生存发展，而不会像多期博弈中的“连锁店悖论”所揭示的那样，在位企业从一开始就采取封杀战术彻底扼杀后来者的进入。当破坏性技术发展到一定程度，新产品的性能开始吸引主流市场的顾客时，这种“非竞争性”仍然发挥着作用，原有的在位企业会发现自己此时很难与创新企业进行直接竞争，因为双方采用的技术不同，提供的客户价值不同，营销的方式也不相同。比如戴尔公司通过建立直销系统来保证这种“非竞争性”。等到IBM、惠普等在位企业发现戴尔威胁到自己的市场地位时，想通过相同的变革来适应市场已经不可能了，只能被动地维持这种非竞争性，进行战略防御。

7.4.2 开展破坏性创新的影响因素与方法

宋建元（2005）认为破坏性创新需要一个较长的时间过程，它需要经历从开始的低端破坏，到通过性能改进逐步侵占市场的过程，而这整个过程将面临各种方面的不确定性，给企业进行的创新管理带来极大困难和挑战。Leifer（2001）通过研究发现破坏性创新带来的不确定性主要有：技术不确定性、市场不确定性、组织不确定性、资源不确定性。在如此纷繁复杂的环境中，识别出哪些因素影响破坏性创新的开展以及如何开展破坏性创新成为当前研究的重点。

7.4.2.1 开展破坏性创新的外部影响因素

Christensen 通过研究发现，影响破坏性创新开展的外部因素主要有客户需要、创新资金来源和新产品营销渠道等。

创新的实质是技术与市场的有效结合，而在实际中用户又是市场的代名词，因此，通过识别用户需求来确认市场趋势，对企业的产品和服务创新而言是必不可缺的。Christensen 认为错误的客户需要将导致在位企业把资源用作错误的创新开发项目，使企业无法识别到新出现的市场机会。在位企业一般对自己的主要顾客开展详细的市场调研，询问其意见，针对这些主流客户进行产品升级改进。但是，主流客户需要的往往是满足已有价值结构的维持性创新，而不是基于全新价值结构的破坏性创新。因此，越是关注现有客户的意见，就越会缺乏对潜在市场机会的真正把握。Christensen 认为导致这种错误的主要原因是采用了错误的市场细分方式，企业必须对以往的以人口结构为基础的市场细分方式进行改变，取而代之以环境为基础的市场细分获取破坏性的市场立足点。

在一段时间内破坏性企业的规模将比较小，因此那些对企业增长有耐心并且对盈利不太关注的资本将被认为是好的创新资金。在资本关注增长的注意力转移之前，破坏性创新业务应努力完成前期推广，尽早进入现金回流阶段。

Christensen 认为破坏性创新的渠道不只包括批发商、零售商，任何在公司产品到达客户手中的过程中增加产品价值和围绕产品创造价值的实体也包括在其中。然而破坏性创新需要全新的渠道，因此开发合适且有远见的渠道体系也是破坏性创新成功的重要因素之一。如本田小型摩托车起初在美国市场推广时，无法通过传统的摩托车销售商渠道进行，最后选择了通过运动用品商店渠道进入市场。

Thomke 和 Nimgade（2000）则认为在新产品开发时应及时关注领先客户的需求。领先客户通常具有下述特征：（1）先于市场数月或数年感受到新产品或服务的需要；（2）领先客户经常能够提出中肯的产品改进建议；（3）不同于“早期采用者”——最初购买现存产品的使用者，领先用户面对的是市场上不存在的产品或服务的需求。此外，市场信息对企业技术创新同样具有重要引导作用，而通常企业根据市场信息开展的创新活动却不一定生效，尤其是对破坏性创新，这种调查一般失效。面对破坏性创新，无法轻易确定准确的市场。实质上，潜在用户的需求是构成未来市场的主要因素。

为了解决无法确定准确市场的问题，诸多学者提供了多种思路和办法。Trott（Trott，2008）认为企业在进行破坏性创新时，人为忽略一些顾客的需求可能是一种有效做法。Broekstra（Broekstra，2002）表示对破坏性创新的管理，不能按照以往的线性分析方法进行市场分析，由于破坏性创新面对的市场是混沌的，因此采用非线性方法进行分析与判断是必要的。

7.4.2.2 开展破坏性创新的内部影响因素

Christensen 和 Raynor（2003）认为价值观是员工用以做出优先选择的标准。价值观主要从两个方面影响破坏性创新的开展。一方面影响企业可接受毛利率，这是影响投资者或管理层是否进行破坏性创新投资的重要依据；另一方面影响开展破坏性创新需要达到的规模。总而言之，价值观影响着企业对破坏性创新的认识与投入。

资源的配置过程是决定破坏性创新成功与否的重要因素。其中企业的资源包括人、设备、技术、产品设计、品牌、信息等支撑企业生存与发展的物质或非物质的集合。在位企业一般依据项目的可预期现金折现去分配投入比例，然而，通常破坏性创新市场的不确定性会使它的未来收益预期偏低，因此会导致没有充足的资金来开展新项目。

由于成熟的在位企业工作程序整合统一、推动业绩增长时很少依赖个人能力，所以创业精神会受到一定程度的压制。Christensen 认为，有企业家或是具有企业家才能的经理人介入开展的破坏性创新，才能顺利进行。同时，行业数据也表明，由极具创新意识的创始人管理的企业一般更具备破坏性。而由职业经理人管理的企业，只有在满足 Christensen 假设下的一定多元化条件时，才会有成功破坏的可能。

Thomond、Herzberg 和 Lettice（2003）认为企业在开展破坏性创新时，通常会面临来自内部的障碍，这些内部障碍主要体现在：（1）缺乏对市场前景的清晰认识；（2）缺乏支持创新项目的足够资金；（3）偏向维持性创新的企业文化；（4）造成破坏性创意被忽视、扼杀的不当知识管理程序。

此外，Gilbert 和 Bower 认为企业开展破坏性创新时应该将其对待破坏性创新的态度考虑在内，他们从认知论和社会心理学的角度出发，研究了企业对待破坏性创新的态度及行为，他们发现当组织面对威胁时，其态度及行为不仅强硬而且具有侵略性，这种情况下，企业一般会采取维持现存的商业模式而反对新商业模式的行为；为此进行一次性大量投资（而非分期投资）；强化现有的组织权威（而非放任新的冒险性投资）。之所以如此，是因为管理者担心破坏性创新带来的威胁影响自身市场地位。反之，如果将它视为机会，即使投资是阶段性的，那么企业未必会为之投资，因为很少有人愿意将重要的资源投放于支持性试验。两位研究者据此得出结论：当时，在位企业对市场上出现的破坏性创新的态度，即将其视为机会还是威胁是影响破坏性创新开展的关键。

破坏性创新的本质是高度不确定和不可预测的，这使得企业在开展破坏性创新时必然受到文化上的阻碍，因为绝大多数的企业文化都有利于维持性创新。维持性创新是企业处于竞争市场中赖以生存的法宝，而破坏性创新则超越了现有的市场竞争，这使得企业超越“产业竞争中许多具有零和特征的博弈”。研究表明两类不同的企业文化会导致两种不同性质的创新，因此，企业成功实施破坏性创新的一大关键即企业如何从维持性文化中创建出有利于突破性创新的新文化。

在企业组织层面，张洪石、陈劲（2003），宋建元（2005）表示不同的创新模式对组织的要求不同，企业采取不同的组织结构是因为其维持性创新和破坏性创新的特性不同。一般而言，渐进性创新需要严格的操作流程和紧密而正式的组织，同时还对企业的制造及销售能力有很高要求。而激进的创新则需要企业具备宽松的操作流程和相对松散的组织形式，同时还对企业的研究、开发和勇于开拓能力有很高要求。国外许多企业为了克服破坏性创新开展的组织障碍，一般通过构建二元组织模式以转变企业规模过大而带来的劣势，即在企业内部成立一个团队，专门从事破坏性创新，这一团队应当拥有自己的管理团队、组织结构、组织文化和组织流程，具有较高的独立性。

7.4.2.3　开展破坏性创新的方法

Christensen 和 Raynor（2003）建议企业从资源、程序、价值观三方着手同时进行组织变革，以开展破坏性创新，具体措施包括：收购合适的创新资源、采用二元组织结构为破坏性创新提供有力的组织保障、建立新成本结构以改变业绩评价的一般标准。虽然他们给出了具体措施，但却没给出系统的开展途径。

Thomond、Herzberg 和 Lettice（2003）从事物发展的内在过程出发，提出了机会的识别、机会的发展、解决方法的形成、进一步的开拓，完整而又合乎逻辑的企业实施破坏性创新战略的四个模型：

A　机会识别模型

即利用不同刺激物形成创意并将创意转变为被识别出的机会的过程。可以通过下述三个具体途径获得刺激物：首先是展望或思考未来的可能情境；其次是反映过去；第三是扫描或感知现有环境，包括组织内外部环境。机会识别模型的目的是利用这些刺激物去形成创意并将创意转化为机会，从而提供给组织一些机会的组合，这些机会的组合在未来有潜力成为高度激进或破坏性的创新。在机会识别模型的功能中最重要的一点是其应该与创意相匹配，其中创意是由展望未来、反映和扫描内外部环境、组织生态以及潜在的市场机会和细分市场的过程中所产生。

B 机会的发展

它将机会识别模型的结果作为初始投入，并进一步将其发展为已被识别且有潜力成为破坏性的机会。机会发展模型为组织提供了可信的、具有较高价值的业务组合，并且这些业务有传递破坏性创新的潜力，组织可以评估风险并做出投资决定。机会发展模型将选择潜在的模型被识别出的机会，并及时为之提供所需的组织生态营养，以便所做出的选择能够发展为有效的商业机会。此外，破坏性创新业务的发展还有三个关键问题：一是组织如何构建自身并驾驭其生态环境以传递新计划，并将破坏性创新计划商业化，例如子公司与伙伴组织合作或与风险投资者合作。二是必须特殊关注目标市场和破坏路径——只有将服务水平较低的利基市场作为目标市场或将顾客不购买更好的产品作为一种选择，才会有破坏性创新。三是组织必须具有适应性强、灵活性高的机制并予以恰当的支持和分配资源给破坏性创新与渐进性创新。

C 解决方法的形成

该阶段处于第三个阶段，它利用机会识别模型的产出作为初始投入，选择具有传递破坏性潜力的业务案例，制订新产品和服务发展项目，以做出长期投资决策。从表面来看，解决方法的形成是新产品、新服务的发展过程；然而，模型的前后端显著不同。例如，早期的资源主要集中在建立合适的结构和团队，来传递潜在的破坏性创新。这一点很关键，因为它表明普通的业务结构和团队剔除了革命性项目的希望。为了获得这一过程的前后端，公司生态环境必须支持必要的结构性和基础性变化，并对目标市场有更深入理解。

D 进一步的开拓

这一阶段利用解决方法形成模型的结果作为初始投入。识别具有传递破坏性创新潜力的商业化产品，建立新的营销渠道和新的分销渠道，并且为传递破坏性创新做出长期投资决策。

7.4.3 京津冀采矿业的破坏性创新特征研究

7.4.3.1 破坏性创新指标体系构建

结合破坏性创新模式识别分析，本部分研究从过程、技术、产品、商业模式4个角度反映行业破坏性创新特征。具体而言，库存周转率和营销效率从过程层面分别反映创新引致企业固定资产利用程度变化情况，专利授权数从技术层面反映企业创新技术的数量，新产品销售收入占工业销售产值比重从产品层面反映企业创新技术的替代情况，固定资产周转率、流动比率和盈利比率从商业模式层面分别反映创新引致企业固定资产利用程度、偿还流动债务能力以及盈利程度变化情况，市场需求和市场结构从市场层面分别反映创新引致行业市场结构的时间变化以及市场主导企业数量的变化情况。指标含义及其功效性见表7-5。

表 7-5　采矿业破坏性创新特征指标体系

目标层	指标层	单位	指标含义	作　用	功效性
过程	库存周转率 D1	%	销售总额与库存平均价值之比	反映创新引致企业固定资产利用程度变化情况	+
	营销效率 D2	%	销售收入与销售费用的比率	反映创新引致企业营销活动效率变化情况	+
技术	专利授权数 D3	件	该指标反映创新技术的数量	反映企业创新技术的数量	+
产品	研发投入占工业销售收入比重 D4	%	该指标反映创新技术的替代情况	反映企业创新技术的替代情况	+
商业模式	固定资产周转率 D5	%	销售总额与固定资产之比	反映创新引致企业固定资产利用程度变化情况	+
	流动比率 D6	%	流动资产与流动负债之比	反映创新引致企业偿还流动债务能力的变化	+
	盈利比率 D7	%	利润与销售额的比例	反映创新引致企业盈利程度变化情况	+

7.4.3.2　京津冀地区采矿业数据搜集及处理

根据上述指标体系，按照地区分类和 2012 证券会行业分类在国泰安数据库中进行代码搜索，筛选出北京市、天津市、河北省三个地区以及在这些地区所属煤炭开采和洗选业、石油和天然气开采业、黑色金属矿采选业、有色金属矿采选业、非金属矿采选业、开采辅助活动、其他采矿业的所有上市公司股票代码，统计出所属采矿业的公司有 18 个。再根据股票代码查阅各上市公司 2016 年财务报告，得到 2016 年主营业务利润占比、营业利润率、销售费用率、流动比率、存货周转率、固定资产周转率、专利授权数、研发投入、营业收入共计 7 个指标。首先根据指标含义分别计算出各指标对应数值；其次对一些变动较大的异常值进行处理；最后，为了确保数据间可比性，消除指标单位影响，对各个指标进行归一化处理，归一化结果见表 7-6。

表 7-6　采矿业破坏性创新特征指标归一化结果

公司简称	股票代码	库存周转率 D1	营销效率 D2	专利授权数 D3	研发投入占工业销售产值比重 D4	固定资产周转率 D5	流动比率 D6	盈利比率 D7
盛达矿业	000603	0.609	0.691	0.000	0.000	1.000	0.638	1.000
中色股份	000758	0.171	0.111	0.000	0.002	0.986	0.056	0.561
河北宣工	000923	0.000	0.004	0.000	0.064	0.064	0.026	0.539
冀中能源	000937	0.452	0.042	0.001	0.017	0.126	0.048	0.555
惠博普	002554	0.136	0.017	0.000	0.369	0.394	0.084	0.640
恒泰艾普	300157	0.162	0.019	0.005	0.378	0.325	0.128	0.610

续表 7-6

公司简称	股票代码	库存周转率 D1	营销效率 D2	专利授权数 D3	研发投入占工业销售产值比重 D4	固定资产周转率 D5	流动比率 D6	盈利比率 D7
潜能恒信	300191	0.000	0.000	0.010	1.000	0.040	1.000	0.578
中国石化	600028	0.480	0.035	1.000	0.000	0.500	0.027	0.570
中金黄金	600489	0.163	0.489	0.001	0.015	0.553	0.048	0.554
海油工程	600583	0.302	1.000	0.000	0.448	0.149	0.198	0.547
* ST 油服	600871	0.274	0.796	0.096	0.065	0.239	0.000	0.275
中国神华	601088	0.413	0.322	0.173	0.024	0.056	0.069	0.694
昊华能源	601101	0.539	0.008	0.007	0.192	0.118	0.024	0.545
中海油服	601808	0.776	0.695	0.000	0.286	0.000	0.081	0.000
中国石油	601857	0.419	0.020	0.587	0.083	0.423	0.016	0.563
中煤能源	601898	0.258	0.000	0.048	0.019	0.085	0.012	0.581
博迈科	603727	1.000	0.195	0.000	0.290	0.534	0.235	0.611
金诚信	603979	0.211	0.491	0.002	0.115	0.538	0.339	0.620

7.4.3.3 主成分分析法测度与结果

为解决多指标综合评价中的评价指标赋权问题和指标之间的相关性问题，本书采用主成分分析法，运用 SPSS 软件进行。为了判断原始数据是否适合做主成分分析，本部分研究首先利用 SPSS 软件对采矿业破坏性创新指标体系各内部指标进行相关性分析，发现其存在较强的相关性，适合进行主成分分析。

A 指标相关性分析

指标体系内部指标之间可能存在高度相关性。为了降低这种相关性，本书利用 SPSS 软件分别对行业破坏性创新特征指标体系内部指标进行相关性分析，发现采矿业破坏性创新特征指标体系内存在较强的相关性（见表 7-7）。

表 7-7 采矿业破坏性创新特征指标相关系数

项目		库存周转率 D1	营销效率 D2	专利授权数 D3	研发投入占工业销售产值比重 D4	固定资产周转率 D5	流动比率 D6	盈利比率 D7
库存周转率 D1	皮尔逊相关性	1	0.215	0.135	−0.201	0.108	−0.102	−0.114
	双尾检验		0.391	0.592	0.424	0.669	0.689	0.653
营销效率 D2	皮尔逊相关性	0.215	1	−0.234	−0.055	0.093	0.093	−0.215
	双尾检验	0.391		0.350	0.828	0.712	0.715	0.391

续表 7-7

项目		库存周转率 D1	营销效率 D2	专利授权数 D3	研发投入占工业销售产值比重 D4	固定资产周转率 D5	流动比率 D6	盈利比率 D7
专利授权数 D3	皮尔逊相关性	0.135	-0.234	1	-0.254	0.097	-0.227	0.015
	双尾检验	0.592	0.350		0.308	0.702	0.365	0.952
研发投入占工业销售产值比重 D4	皮尔逊相关性	-0.201	-0.055	-0.254	1	-0.353	0.665 **	-0.110
	双尾检验	0.424	0.828	0.308		0.150	0.003	0.665
固定资产周转率 D5	皮尔逊相关性	0.108	0.093	0.097	-0.353	1	0.130	0.504 *
	双尾检验	0.669	0.712	0.702	0.150		0.606	0.033
流动比率 D6	皮尔逊相关性	-0.102	0.093	-0.227	0.665 **	0.130	1	0.367
	双尾检验	0.689	0.715	0.365	0.003	0.606		0.134
盈利比率 D7	皮尔逊相关性	-0.114	-0.215	0.015	-0.110	0.504 *	0.367	1
	双尾检验	0.653	0.391	0.952	0.665	0.033	0.134	

注：** 表示在 0.01 级别（双尾），相关性显著；* 表示在 0.05 级别（双尾），相关性显著。

利用 SPSS 软件，得到采矿业破坏性创新特征指标体系相关关系矩阵，若 P 个指标间完全不相关则不适合作主成分分析；两个指标完全相关则保留一个指标；指标之间有一定的相关性但不完全相关，即 $0<r<1$，指标压缩才可能，适合做主成分分析。从表可知，流动比率 D6 与研发投入占工业销售产值比重 D4 的皮尔逊相关系数为 0.665，且通过置信区间为 0.01 水平下的显著性检验；盈利比率 D7 与固定资产周转率 D5 的皮尔逊相关系数为 0.504，且通过置信区间为 0.05 水平下的显著性检验。因此本书为了减少指标间的相关性，舍弃流动比率 D6 与盈利比率 D7。

B 主成分分析结果

利用 SPSS 软件进行因子分析，结果显示：采矿业破坏性创新特征指标存在 3 个主成分。各指标对应的成分得分系数见表 7-8。

表 7-8 采矿业破坏性创新指数成分得分系数

主成分	F_1	F_2	F_3
库存周转率 D1	0.340	0.259	0.709
营销效率 D2	0.111	0.674	0.041

续表 7-8

主 成 分	F_1	F_2	F_3
专利授权数 D3	0.302	-0.511	0.365
研发投入占工业销售产值比重 D4	-0.486	0.071	0.201
固定资产周转率 D5	0.408	0.063	-0.632

根据得分系数将归一化后的原始变量代入如下公式：

$$f_1 = 0.340zx_1 + 0.111zx_2 + 0.302zx_3 - 0.486zx_4 + 0.408zx_5$$

$$f_2 = 0.259zx_1 + 0.674zx_2 - 0.511zx_3 + 0.071zx_4 + 0.063zx_5$$

$$f_3 = 0.709zx_1 + 0.041zx_2 + 0.365zx_3 + 0.201zx_4 - 0.632zx_5$$

代入后可得到京津冀采矿业 18 家上市公司 2016 年破坏性创新主成分得分。

根据上述成分得分系数得到每个主成分的效益，然后以每个主成分的特征根作为权数（见表 7-9），利用公式 $f=(\lambda_1F_1+\lambda_2F_2+\lambda_3F_3)/(\lambda_1+\lambda_2+\lambda_3)$ 对每个主成分进行加权加总，计算出采矿业破坏性创新特征综合得分并进行排序，结果见表 7-10。

表 7-9　主成分的方差贡献率及累计方差贡献率

指标体系	主成分	特征根	方差贡献率/%	累计方差贡献率/%
破坏性创新特征指标体系	F_1	1.608	32.157	32.157
	F_2	1.263	25.267	57.423
	F_3	0.929	18.577	76.001

表 7-10　采矿业破坏性创新特征综合得分及排序

序号	公司简称	股票代码	f_1	f_2	f_3	f	排名
1	盛达矿业	000603	1.59082	1.38809	-0.92226	0.909	1
2	中色股份	000758	0.80724	-0.2224	-2.14644	-0.257	13
3	河北宣工	000923	-0.80434	-0.7801	-0.66176	-0.761	17
4	冀中能源	000937	-0.03158	-0.25892	0.39919	-0.002	11
5	惠博普	002554	-0.76943	-0.46607	-0.73394	-0.66	16
6	恒泰艾普	300157	-0.83912	-0.45768	-0.50642	-0.631	15
7	潜能恒信	300191	-2.62951	-0.54995	0.14609	-1.26	18
8	中国石化	600028	1.68007	-2.11222	1.06815	0.27	6
9	中金黄金	600489	0.3193	0.44857	-1.21228	-0.012	12
10	海油工程	600583	-0.7064	1.66198	0.4067	0.353	5
11	*ST 油服	600871	0.1575	0.9456	-0.05257	0.368	4
12	中国神华	601088	0.10119	-0.07621	0.71723	0.193	7

续表 7-10

序号	公司简称	股票代码	f_1	f_2	f_3	f	排名
13	昊华能源	601101	-0.27124	-0.20607	0.79407	0.011	9
14	中海油服	601808	-0.08197	1.43611	1.82888	0.89	2
15	中国石油	601857	0.86008	-1.39389	0.55552	0.036	8
16	中煤能源	601898	-0.30178	-0.63478	0.02164	-0.333	14
17	博迈科	603727	0.74861	0.75486	1.26859	0.878	3
18	金诚信	603979	0.17054	0.52308	-0.97037	0.009	10

7.4.4　京津冀采矿业破坏性创新特征比较分析

7.4.4.1　创新盈利模式分类

根据技术创新的盈利程度不同，创新模式主要分为激励性创新、自发性创新、强制性创新以及盲目性创新四大类。四大创新模式的主要优缺点见表 7-11。

表 7-11　四种创新模式的优缺点

创新模式	概　念	特点	优点	缺点
激励性创新	创新主体依靠自己的知识产权、核心技术迅速占领市场，获得大量利润的同时又不断开发出适合市场需求的新技术	技术转化效率高	提升竞争力 产品差异化明显	研发投入成本高 市场拓展难度大 开发风险较高
自发性创新	创新主体为了维持企业正常的发展和保持现有市场份额而自发进行技术和管理的创新，保持一定的产品更新率来稳定经济效益的增长	创新模仿较多	研发投入成本低	很难开拓新市场
强制性创新	创新主体现有的盈利能力较低，迫使其进行创新变革，但变革的力度不够	创新急迫性高 实力不足	研发投入力度大	存在市场进入壁垒 存在被动性
盲目性创新	创新主体对其各个领域的发展都有创新投入，具有盲目性，没有达到技术变革效益最大化	技术转化率低	创新多元化 风险低	投入成本高 共同目标难以明确

7.4.4.2　采矿业创新盈利模式选择

根据四大创新模式的特点及优缺点，在对 18 个京津冀地区采矿业上市公司破坏性创新特征以及测度分析的基础上，利用四象限模型对 18 个公司进行分类，以采矿业破坏性创新特征综合得分为横轴，采矿业创新盈利能力为纵轴，分别以采矿业破坏性创新特征得分和创新盈利能力的中位数为界，破坏性创新特征综合得分高于中位数值则表明破坏性创新特征明显，反之则表明维持性创新特征明显，得到京津冀采矿业 18 个企业分布及其技术创新盈利模式选择如图 7-8 所示。

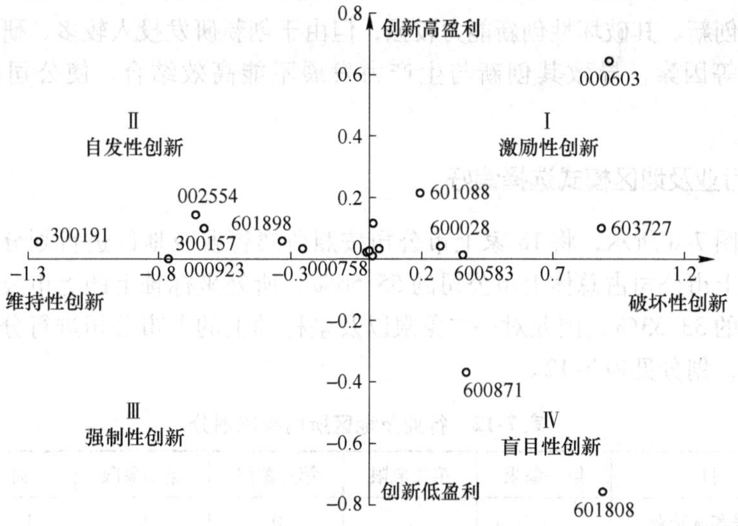

图 7-8　京津冀上市公司创新盈利模式选择

第一象限内采矿业上市公司的特点是破坏性创新特征较明显，创新能力也较强，具有较高的创新盈利能力。所包含上市公司有 000603（盛达矿业）、600028（中国石化）、601088（中国神华）、601857（中国石油）、603727（博迈科）。这类公司应该选择激励性创新模式。这类行业技术更新替代速度较快，有着自主专业技术知识以及专业技术人员，应鼓励其通过自主创新促进新产品开发，推动行业发展。当创新技术难度较大时，应鼓励企业与高校、科研机构以及其他企业合作，实现各方资源的充分利用，促进高端技术的研发创新，同时提高有效技术的转化效率。

第二象限内采矿业上市公司的特点是破坏性创新特征不明显，具备较低创新能力的同时处于较低的盈利水平，创新盈利能力维持在 0.2 以内。所包含上市公司有 000758（中色股份）、002554（惠博普）、300157（恒泰艾普）、300191（潜能恒信）、601898（中煤能源）。此类公司的创新盈利模式一般为自发性创新。其维持性创新较为明显，行业技术更新周期较长，为了维持企业正常的发展和保持现有市场份额而自发进行技术和管理的创新，保持一定的产品更新率来稳定经济效益的增长，应鼓励企业模仿新技术，积累技术经验；同时，这类企业创新能力较弱，缺乏自主知识技术支撑，难以实现自主创新，可以通过合作创新实现创新盈利能力的提升。

第四象限内采矿业上市公司的特点是创新主体对其各个领域的发展都有创新投入，具有盲目性，没有达到技术变革效益最大化，具备较高创新能力的同时处于较低的盈利水平。此类公司的创新盈利模式一般为盲目创新。所包含的上市公司有600871（*ST油服）和601808（中海油服），此类公司的创新盈利模式一般为盲目性创新。其破坏性创新能力较强，但由于创新研发投入较多、研发成果转化效率低等因素，导致其创新与生产力发展不能高效结合，使公司处于亏损状态。

7.4.5 行业及地区模式选择偏好

根据图7-8所示，将18家上市公司按照所属行业及地区进行划分，所处一二象限的上市公司占总体上市公司的55.56%，所处坐标轴上的上市公司占总体上市公司的33.33%，因此对一二象限以及坐标轴上的上市公司进行分析，具有代表意义，划分见表7-12。

表7-12 行业及地区所属象限划分

项目	第一象限	第二象限	第三象限	第四象限	x轴	y轴
煤炭开采和洗选业	1	1	0	0	1	1
石油和天然气开采业	2	0	0	0	0	0
黑色金属矿采选业	0	0	0	0	1	0
有色金属矿采业	1	1	0	0	0	1
开采辅助活动	1	3	0	2	1	1
北京	4	5	0	1	1	2
天津	1	0	0	1	1	0
河北	0	0	0	0	1	1

第一二象限中较为突出的是石油和天然气开采业以及开采辅助活动。第一象限中，石油和天然气开采业破坏性创新能力较强，其代表性的公司为中国石油及中国石化。中国石油在2016年度总研发投入达到175.65亿元，资本化率为36.1%；中国石化全年申请境内外专利5612件，获得境内外专利授权3942件。研发投入以及专利授权数都处于业内顶尖水平，积极落实创新驱动发展战略，发挥出科技在生产管理过程中的支撑引领作用。第二象限中，开采辅助活动的破坏性创新能力较弱，其代表性的公司为潜能恒信及惠博普。2016年度潜能恒信研发投入为1052.7万元，资本化率为8.11%；惠博普研发投入为5080.4万元，未形成资本。研发过程中形成有效成果较少，不能支撑公司创新发展战略，处于一个维持创新阶段，为了维持企业正常的发展和保持现有市场份额而自发进行技术和管理的创新，目的是保持一定的产品更新率来稳定经济效益的增长。

坐标轴上较为突出的是煤炭开采和洗选业。横轴上的典型公司为昊华能源，位于原点附近，全年专利授权数为27，研发投入未形成资本，其破坏性创新能力及盈利能力均处于较低水平，创新投入对公司盈利的提升影响力较小，不能显著拉升收入水平。纵轴上的典型公司为冀中能源，专利授权数为4，研发投入未形成资本，且其盈利比率为0.02，创新投入转化效率低，成果较少，很难将研发与产出相结合。综上，煤炭开采和洗选业公司的半数处于坐标轴上，属于畸形的创新盈利模式，急需要做出调整，落实创新驱动发展战略的同时将创新作为盈利支撑点。

从地区分布角度分析，北京地区的13家上市公司中，4家位于第一象限，5家位于第二象限，北京地区上市公司多在纵轴的上半部分，说明北京地区上市公司整体盈利水平较高且创新能力较强；天津地区的3家上市公司中，1家位于第一象限，1家位于第四象限，创新能力均较强，但盈利比率呈现两极化现象，说明天津地区上市公司内部互助性较差，帮协性不强；河北地区的2家上市公司均位于坐标轴上，创新和盈利互促作用不明显。

7.5 京津冀采矿业开展“互联网+”破坏性创新路径及对策

7.5.1 采矿业“互联网+”破坏性创新路径研究

7.5.1.1 采矿业“互联网+”破坏性创新路径模型的理论背景

破坏性创新理论自最早由Christensen提出，之后国内外诸多学者在对该理论进行丰富扩展的基础上对破坏性创新绩效的影响因素展开了多方面的研究。对破坏性创新有显著影响的因素是组织和态度因素（Chandy，Tellis，1998）。Tushman等人通过研究发现，可以通过激励机制、企业文化和组织结构三方面来形成组织能力，进而提高破坏性创新绩效（Benner，Tushman，2002）。之后的研究从内部和外部两方面的影响因素进行研究，外部因素包括市场需求、外部资源和分销渠道等；内部因素包括价值观、资源配置程序和企业家等。国内对于破坏性创新的研究较晚，在对国内外研究成果总结的基础上，国内学者对影响破坏性创新的因素进行了拓展研究，影响因素拓展到五个方面的内容，分别是环境因素、组织因素、结构因素、过程因素和管理因素（张洪石，付玉秀，2005）。高层领导支持、组织的学习水平、创新资源的充足程度、组织文化的创新程度和激励制度的弹性程度对破坏性创新绩效具有显著的影响（宋建元，葛朝阳，等，2005）。

以上学者都是基于“动机-绩效”的研究范式来对破坏性创新绩效的影响因素进行的研究，总结现有的研究发现，影响破坏性创新的因素主要有两个：环境因素和企业组织因素。企业难以控制的因素是环境因素，对于一个初创企业来说，最关键的是怎样才能充分利用外部技术和市场环境，抓住机遇将技术和需求紧密有效地结合在一起，最终通过企业自身的组织能力来实现破坏性创新。因此本书进行的研究将影响破坏性创新的因素分为组织能够进行控制的内部因素和组织无法控制的外部环境因素：主要指技术和市场环境。另外由于一些条件限制，本书只对企业能够控制的内外部重要因素加以探讨，重点分析其对破坏性创新绩效影响的显著程度。除此之外，本书在总结前人的研究的基础上，认为动因不能够直接影响企业的创新绩效，而是通过影响企业的行为从而形成组织能力来提高企业的创新绩效的。

技术机会能力对于企业开展创新活动具有显著的正向影响作用，而且技术机会能力强的企业管理者会将破坏性创新视为企业发展的良好机遇。其中影响技术机会能力的组织因素包括企业的未来关注、高层领导支持和创新性文化。自我替代能力对于在位企业来说是导入破坏性创新的重要指标，自我替代的意愿和能力越强，企业开展破坏性创新的组织阻力越小，创新效果也就随之越好。知识的吸收和转移能力对于后发企业自主创新也是重要的影响因素（江积海，2009）。而对于在位企业面对破坏性创新失败的重要因素是紧跟现有客户，能够对市场未实现的需求积极关注，有着正确的市场定位对后发企业创新具有重要影响。在之后的实证研究中发现，自我替代能力对在位企业的破坏性创新绩效有着显著正向影响，技术机会能力对在位企业破坏性创新绩效没有显著影响，但是基于主流顾客导向的市场定位能力却对在位企业破坏性创新绩效具有显著负向影响（Levy，Grewal，et al.，2004）。

上述研究的研究结果对后发企业缺乏适用性，因为他们的研究角度是站在在位企业的角度来研究破坏性创新绩效的能力因素的，但其研究思路和研究结果是有一定价值的，值得后来研究者借鉴，本书在借鉴以上研究的基础上结合破坏性创新的特征和后发企业创新所具有的特点，提出了后发企业开展破坏性创新的动因-能力-绩效模型。

首先是考虑破坏性能力要素，因为这个因素影响后发企业破坏性创新绩效，对于传统采矿业更有影响。如果后发企业需要不同的破坏性创新能力与开展破坏性创新活动的不同发展阶段相适应，本书认为以下三种能力是必备的：

（1）技术机会能力。企业未来的发展很大程度上取决于对当前机会的认知，还有在破坏性创新活动开展之初，后发企业需要较强的技术机会能力来识别新技术或潜在技术，能够把握并及时地拥有与之相对应的技术响应。虽然破坏性创新为后发企业实现“跨越式”发展提供了一个机会窗口，但该窗口并不是非常明朗的，后发企业要识别出这个窗口必须具有较强的技术感知和预测能力，而且能够及时地进行新技术的投资和研发。

（2）知识吸收能力。在能够确定企业的技术方向之后，企业还需要较强的知识吸收能力，从而能够使新技术、新知识和企业自身的知识积累进行融洽的结合，这样才能够使新产品的开发以及后续的产品更加完善。

（3）资源整合能力。在有了基础之后，企业会进行产品的生产和销售阶段，这时企业需要较强的资源整合能力来实现商业化。一项成功的商业化需要企业有非常强大的能力获取资源且将之整合，创建一个完善的产品生产渠道和分销渠道，是关于企业创新成功的关键。对于那些资源相对贫乏的后发企业来讲，这一阶段通常是较为艰难的，也就意味着创新失败的可能性将随之大大提高。

对于采矿业“互联网+”破坏性创新来说，虽然破坏性创新能力能够直接影响破坏性创新的绩效，但这并不意味着破坏性创新能力的形成是一蹴而就的，而是将企业各个重要的方面逐渐加以影响循序渐进的。由此可以认为企业能够进行控制的且对破坏性创新能力具有显著影响的因素有：创新意愿的强度高低、组织学习水平的高低、组织内激励机制的弹性强度以及外部知识源的广度。

7.5.1.2 采矿业“互联网+”破坏性创新路径模型构建

在破坏性创新理论的基础上，结合采矿业“互联网+”破坏性创新的特点和后发企业创新的初始条件，构建了如图7-9所示的采矿业“互联网+”破坏性创新路径模型。该模型分为两个方面：第一个方面是采矿业所属企业可以控制对破坏性创新能力的影响的组织内外部因素，在这方面主要考察了创新意愿的强度、组织的学习水平、激励机制的弹性和外部知识源广泛性四项因素对企业后面的技术机会能力、知识吸收能力和资源整合能力三项破坏性创新能力的影响；第二个方面是采矿业所属企业的破坏性创新能力与企业绩效的关系，主要研究的是采矿业所属企业的技术机会能力、知识吸收能力和资源整合能力是否有助于提高其破坏性创新活动的绩效以及这三项能力要素对破坏性创新绩效影响的显著程度。

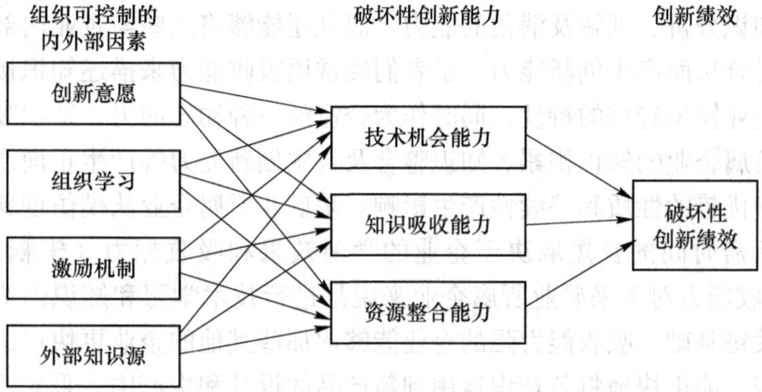

图7-9 采矿业企业开展“互联网+”破坏性创新路径模型

对于一个企业来说，其核心能力必定会显著影响创新绩效，而创新能力又是构成企业核心能力的关键指标。对于破坏性创新来说，也同样如此，传统行业中采矿业要想增强自己的破坏性创新能力是其提高创新绩效的前提要素。

（1）技术机会能力与创新绩效。技术机会能力的概念在企业资源观理论的基础上提出（Srinivasan，Lilien，et al.，2002）。技术机会能力由技术感测和技术响应这两方面的能力组成，技术感测能力指企业感知、搜集、理解内外部中新技术的能力，这些通常是通过经常性的技术扫描来完成，也就是说扫描的强度越大、频率越高，那么企业的技术感测能力也就越强。而技术响应能力指企业能够在感测到新技术后及时做出响应的意愿和行为的能力，这项与企业投资有明显的正向关系。对于技术机会能力强的企业来说，他们会积极与外部知识源进行合作，通过信息的交流、共享等一些手段来捕获相关的新技术，在捕捉到之后会对其市场潜力进行预期估计并及时做出响应。

虽然科学家是技术的最初发现者，但要想把技术成功地应用到商业上，形成商业模式，将创新计划与市场需求联系起来，不得不依靠较强技术机会能力的企业来完成。虽然技术机会能力对在位企业破坏性创新绩效有显著性影响，但是对于采矿业所属企业来说，技术机会能力更为重要。没有对潜在的破坏性技术给予足够的重视并做出及时的响应，导致许多大型领先企业最后被破坏。对于采矿业所属企业来说，当下拥有的业务水平还不能够为企业带来一定市场地位，企业能够积极感测到、响应到领先企业忽略的潜在破坏性技术是其获得跨越式发展的一个重要机会。因此，本书提出假设H1：

H1：对于采矿业“互联网+”破坏性创新来说，技术机会能力与采矿业所属企业破坏性创新绩效密切相关，而且企业的技术机会能力越强，则采矿业所属企业开展破坏性创新的绩效越好。

（2）知识吸收能力与创新绩效。知识吸收能力指一个企业对从外部获得的各种技术知识分析、理解及消化的能力，而且还能够将这些与企业内部已拥有的知识进行融合从而产生创新能力。学者们经常用吸收能力来描述知识接受方或采矿业所属企业知识转移的特性，同时作为企业的一种动态能力，知识吸收能力还对采矿业所属企业的知识积累、知识整合及自主创新能力等产生正向影响，并进而对其竞争优势的性质和持续性产生影响。采矿业所属企业从模仿创新到自主创新的转变所需时间的长短取决于企业的学习效果和吸收能力（宋耘，曾进泽，2007）。吸收能力对于采矿业所属企业来说是进行技术学习和知识创造以实现自主创新的关键基础，吸收能力强的企业能够比那些其他的企业更快识别而且能够理解新知识，能更快地将新知识运用到新产品的设计和生产中。采矿业所属企业的创新能力显得很薄弱，非常容易陷入一种“模仿－落后－再模仿－再落后”的维持性创新困境之中，为什么会产生如此困境？最主要的原因之一就是企业自身的知识吸收能力较差，从而使得企业自身的知识积累达不到创新的要求，创新基础薄弱。所以对于采矿业所属企业来说，如果企业自身要想完全摆脱在位企业的知识依赖，必须要提高企业自身的知识创造能力和知识吸收能力，这样才能够达到自主创新实现跨越发展的阶段。破坏性创新是采矿业所属企业开展自主创新实现跨越发展的一个非常重要的创新战略，但是这个是基于新的技术范式而且需要去面对很模糊的未来市场，所以企业要想获取破坏性创新，较强的吸收能力是不可或缺的。因此，本书提出假设 H2：

H2：知识吸收能力与后发企业破坏性创新绩效紧密相关联，采矿业所属企业知识吸收能力越强，开展破坏性创新的绩效越好。

（3）资源整合能力与创新绩效。资源整合能力是指在开展创新活动过程中，能够通过有效地利用内外部资源，以最小的代价获取到创新所需要的有价值的资产的能力。从广义上来说，企业外部资源即企业外部的社会资本，这其中包括一系列实际存在的和潜在的资源；从狭义上来讲主要包括社会关系网络、信任合作机制、低成本融资途径、可嵌入的渠道等要素。从企业内部来看，主要资源除了传统意义上的人财物等有形资产以外，还包括公司员工之间的合作关系网络、企业文化、商业信誉等无形资产。有效地整合内外部资源对于提高企业知识创造和技术创新的能力非常关键，外部社会资源可以消减费用还能够降低知识获取的时间成本，而企业内部资源的积累可以加强员工之间的团结协作，增强各部门的工作效率，从而利于创新绩效的提高。

国内很多研究者针对中国企业的创新特点认为决定创新失败的主要因素有资金不足、人才缺乏、市场信息交流缺乏、政府的支持力度不够等。有形资源或者无形资源的缺乏是影响企业创新失败的主要原因，采矿业所属企业相对于其他行业来说本来在资源方面就具有劣势，所以后发企业更应该注重资源的获取和积累，不能因为缺乏资源导致创新失败。另一方面，一项新的产品都会涉及到新的生产投资和新销售渠道的建立，对于后发企业来说，在初期必定是艰难而低效地进行，所以采矿业所属企业更应该注重对外部资源进行广泛的搜寻与整合，而且还能够将其嵌入企业现有的组织结构中发挥效用。因此，本书提出假设 H3：

H3：对于采矿业“互联网+”来说，资源整合能力与采矿业所属企业破坏性创新绩效密切相关，资源整合能力越强，采矿业所属企业开展破坏性创新的绩效越好。

7.5.1.3 “互联网+”破坏性创新影响因素实证分析

破坏性创新影响因素可用一些定量数据进行衡量，由于京津冀地区采矿业规模以上工业企业发展参差不齐，且数据缺失严重，因此本部分研究对京津冀地区信息披露较为全面的采矿业上市公司数据进行搜集，从过程、技术、产品、商业模式四个层面分别搜集存货周转率、营销效率、专利授权数、研发投入、固定资产周转率、流动比率、盈利比率和营业收入数据，为保证数据分析过程中排除量纲不同带来的干扰，对原始数据进行均一化处理，得到表 7-13。

表 7-13 京津冀地区采矿业数据均一化处理

股票代码	存货周转率	营销效率	专利授权数	研发投入	固定资产周转率	流动比率	盈利比率	营业收入
000603	1.658	2.482	0.000	0.000	2.650	2.905	0.300	0.003
000758	0.538	0.420	0.000	0.003	2.614	0.543	0.788	0.087
000923	0.102	0.042	0.000	0.032	0.308	0.423	2.081	0.001
000937	1.258	0.175	0.009	0.042	0.464	0.513	2.023	0.062
002554	0.448	0.088	0.000	0.007	1.135	0.659	0.533	0.005
300157	0.516	0.094	0.043	0.042	0.962	0.838	0.655	0.006
300191	0.000	0.000	0.092	0.007	0.248	4.376	0.569	0.000
600028	1.330	0.152	9.323	0.000	1.398	0.426	1.363	8.806
600489	0.518	1.766	0.012	0.048	1.531	0.513	1.108	0.178
600583	0.874	3.581	0.000	0.048	0.522	1.121	0.291	0.055
600871	0.801	2.857	0.896	0.227	0.745	0.317	0.166	0.196
601088	1.158	1.170	1.615	0.360	0.289	0.597	0.462	0.835
601101	1.481	0.057	0.064	0.080	0.442	0.415	2.825	0.023
601808	2.084	2.496	0.000	0.355	0.148	0.647	0.045	0.069
601857	1.174	0.098	5.475	11.003	1.205	0.383	2.093	7.374
601898	0.761	0.027	0.449	0.095	0.361	0.364	1.495	0.277
603727	2.658	0.720	0.000	0.064	1.484	1.271	0.614	0.012
603979	0.641	1.774	0.021	0.023	1.495	1.691	0.589	0.011
目标值	2.658	3.581	9.323	11.003	2.650	4.376	2.825	8.806

对各项指标进行编码处理，分别为 VAR00001、VAR00002、VAR00003、VAR00004、VAR00005、VAR00006、VAR00007、VAR00008，并运用 SPSS 软件对均一化的数据进行模型自动构建。模型设定目标为 VAR000008，来分析破坏性创新影响因素对创新绩效的影响。进行如下操作：

(1) 剪除解释变量与被解释变量离群值。库克距离常用来诊断各种回归分析中是否存在异常数据，它是指在数据资料中，对每一条数据排除在外后造成的回归系数变化大小，库克距离越大则说明该条数据对回归系数的计算有明显的影响，此类记录可能会导致模型准确度下降。因此在本模型测定过程中根据库克距离对离群值进行剪除。通过计算可知观测值序列 id 中 id15 的库克距离为 795.37、id8 的库克距离为 8.81，对模型回归效果影响太大，因此需要剪除。

(2) 模型系数分析。用向前步进的模型选择方法，得到信息准则为 -28.793 的回归模型，且调整后的 R^2 为 0.984。对模型中每个变量的系数进行重要性及显著性筛选，如图 7-10 所示。

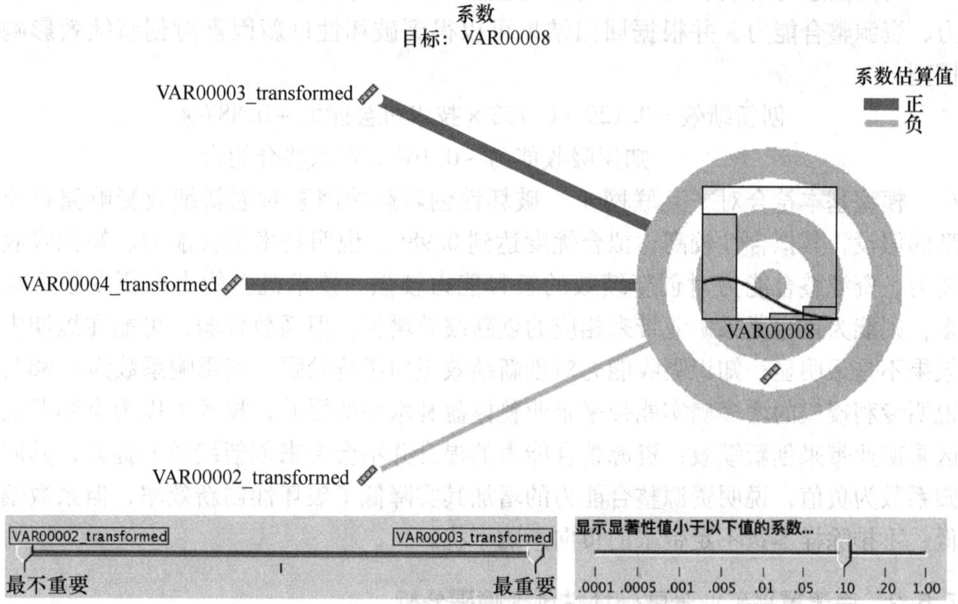

图 7-10 回归模型系数自动筛选图

在0.1显著性水平下只显示出三个变量，说明只有变量 VAR00003、VAR00004 和 VAR00002 通过了显著性水平检验，其中按照重要性划分，VAR00003 对目标变量的影响最重要，VAR00002 对目标变量的影响最小，并且呈现负向影响。

(3) 回归分析。重新组织通过显著性水平检验的变量，构建线性回归方程，其中被解释变量为 VAR00008，解释变量经过系统筛选，只保留 VAR00003、VAR00004 和 VAR00002，运用 SPSS 软件得到表 7-14 和表 7-15 的回归结果。

表 7-14 “互联网+”破坏性创新因素对创新绩效影响线性回归模型摘要

R	R^2	调整后 R^2	标准估算的误差	R^2 变化量	F 变化量	自由度1	自由度2	显著性 F 变化量
0.993	0.986	0.984	0.39644	0.986	360.875	3	15	0

表 7-15 “互联网+”破坏性创新因素对创新绩效影响线性回归模型

VAR0008	回归系数	t	显著性	95.0% 置信区间下限	95.0% 置信区间上限
截距	0.129	1.014	0.327	-0.142	0.401
VAR00002	-0.161	-2.185	0.045	-0.318	-0.004
VAR00003	0.887	21.123	0.000	0.798	0.977
VAR00004	0.153	4.048	0.001	0.072	0.233

对变量进行解码，对解码后的变量汇总分类为技术机会能力、知识吸收能力、资源整合能力，并根据回归结果可以得到破坏性创新因素对创新绩效影响模型：

$$创新绩效 = 0.129 + 0.153 \times 技术机会能力 + 0.887 \times 知识吸收能力 - 0.161 \times 资源整合能力$$

模型基本符合对"互联网+"破坏性创新影响因素对创新绩效影响路径模型的假设，其拟合性较高，拟合优度达到0.986，说明技术机会能力、知识吸收能力、资源整合能力对创新绩效的解释能力较强。技术机会能力中研发投入越多，则能为京津冀采矿业带来相应的创新绩效增长，但系数较弱，可能在短期内效果不是很明显；知识吸收能力对创新绩效正向影响较强，其影响系数为0.887，说明专利授权的增多确实能带来企业整体盈利水平的提升，技术可以为京津冀地区采矿业带来创新绩效；资源整合能力的提升并不会带来创新绩效的提升，其回归系数为负值，说明资源整合能力的增加其实降低了破坏性创新效率，但系数偏低，不排除样本量不足带来的负向影响干扰。

7.5.2 京津冀采矿业开展破坏性创新障碍分析

7.5.2.1 京津冀采矿业特点

（1）设备陈旧，更新速率低。采矿业生产运营工具更新需要大量的资金投入，一般小型企业不具备研发能力，对传统生产工具依赖性强，更追求短期的盈利效率，而忽略企业社会责任、环境保护、科技进步等非经济因素制约。与其他行业相比，采矿业无论在资金、设备、资源方面，还是人才储备、组织结构等方面在京津冀地区都处于相对弱势。由于这些缺点的存在，京津冀采矿业在纯粹的技术创新、产品更新升级和管理运营上面就没有优势，这也阻碍了它们的转型升级和进一步的发展。

（2）采矿业地域限制性强。采矿业地域限制主要表现在以下几个方面：首先，从资源本身进行考量，矿产资源流动性较差，进行跨地区运输时需要支付较高运输成本，且不同区域资源含量不同，有些地区品位低开采难度小，但有些地区品位高开采难度也大，资源本身具有复杂性；其次企业工厂地点选择需要考虑污染排放等因素，在开采过程中先污染后治理、边污染边治理等都需要对所处环境进行综合考量；最后，采矿业的生产作业范围较窄，人员构成多有地域性特点，因而形成的排外文化会阻碍企业的发展。

（3）处于价值链低端。在产业链中多从事的是生产、加工等附加值较低的活动，这些活动缺少技术含量，导致采矿业发展缓慢。而其他行业却更多地接触技术研发和售后服务等高利润的活动，能够不断地进行技术的升级使得行业保持领先。

（4）采矿业所属企业受企业家的影响较大。企业家个人对采矿业所属企业本身有着举足轻重的影响，因为企业由企业家所创立，企业的资源、资金等基本上都掌握在企业家一人手中，再加上缺少相应的制度，企业的经营活动受到企业家的影响比较大。因此，企业要进行转型升级和技术的创新，企业家精神非常重要。

7.5.2.2 京津冀采矿业开展“互联网+”破坏性创新现存障碍

如前面研究所述，采矿业所属企业转型升级的问题主要就是技术、市场和管理的创新问题。要解决企业转型升级的问题，就必须结合企业在创新方面存在的缺陷和不足，这样对企业进行转型升级或提高创新绩效将产生有效帮助。

企业自身能力和外部环境的组合最能表现出企业的创新能力。我国现阶段采矿业工业企业的创新能力不足非常普遍，而大多数都与企业自身能力不足有关。主要表现在以下五个方面：

（1）缺乏知识积累。知识是企业进行创新的基础，是企业在长期经营活动中逐渐积累起来的创新理论和经验，包括显性知识和隐性知识。由于采矿业工业企业研发投入活动起步较晚，信息不对称，在知识的积累上赶不上其他行业或国外同行，它们在发展的过程中只能采取“跟随”的策略，实行“干中学”“用中学”的方式，并不断模仿引进的先进技术，再实现创新。比如二十世纪五六十年代的日本企业就是采取了这种做法。但这种策略积累的都是显性知识，缺乏了解隐性知识，这也是采矿业工业企业的技术始终处于较低层次的原因。所以采矿业工业企业在进行知识积累时，要进行显性知识和隐性知识的同时积累，形成自己特定的竞争力。

（2）缺乏创新人才。人才是企业进行创新的推动者和成功的关键。高新技术行业有着庞大数量和高质量创新人才，而吸引人才有两个重要因素：一是企业能够提供较合理的薪酬。在这一点上，采矿业工业企业制度上重视不足。二是企业有发展潜力。创新人才愿意去有潜力的企业来证实自己的实力。在现在市场条件下，越来越多的年轻人才选择创业就是基于这种情况。所以，京津冀地区采矿业工业企业应该思考如何吸引更多青年创新人才。

（3）资金投入不足。企业要进行转型升级和创新，就需要有足够的资金投入。企业在投入资金时需要考虑两个问题：一是创新的收益。采矿业工业企业由于技术能力不足、市场占有率小、管理不出众等原因，会影响资金的投入和社会风险的进入。二是创新的风险。企业的转型升级和创新都有着较长的周期和风险，因此也阻碍资金的投入。据统计，采矿业工业企业内部自筹资金占8%，贷款占12%，社会资本占5%。所以采矿业工业企业需要有足够大的创新意愿、足够强的创新意志和良好的创新规划来吸收社会资金。

（4）创新制度不够完善。虽然企业家在企业的发展中有关键的作用，但随着创新制度的完善，企业创新文化的建立，这些都将有助于企业的不断创新和发展。采矿业工业企业没有自己的创新制度，多是在模仿中建立组织和文化，缺少本土化和自身化。随着企业的发展，良好的企业管理也成为制约企业前进的障碍，而先进的企业管理需要企业家结合企业的人员和企业的发展方向来施行。企业在发展过程中要建立有效的组织制度和组织结构，包括开放的企业文化、良好的激励制度、灵活的创新组织结构、学习型组织等。

(5) 缺乏自主创新。采矿业工业企业采取的多是模仿创新为主的创新模式，缺少自主创新，因而在市场竞争方面，面对国外企业缺少主动性。模仿创新能够使企业快速获得技术和管理方面的经验和知识，使企业在一定时间内获得快速发展。但是，由于是模仿创新，如上所说，缺少对隐性知识的掌握，企业会受制于领先企业。因此，企业要想获得长远发展和形成自己的核心竞争力，要进行自主创新，基于不同的技术范式和路径，进行技术的升级突破。

7.5.3 京津冀采矿业开展“互联网 +”破坏性创新对策分析

7.5.3.1 正确对待实现破坏性创新的关键要素

京津冀采矿业开展“互联网 +”破坏性创新不仅需要对采矿业工业企业内外部因素进行改善、提升，还需要在创新实施之前对技术、产品以及市场的正确把握，需要对该行业未来市场的发展和消费者的需求进行良好的预测和判断。同时，在决定是否创新之前，采矿业工业企业需要对创新的模式和困难进行甄别和思考，正确对待创新，解决认知障碍等，以便达到最好的创新绩效。

(1) 准确把握技术及未来市场发展趋势的能力。创新的过程是艰难和复杂的，从萌芽阶段，到实现基于创新思维的产品的市场化的漫长过程中，市场上会同时出现多种模式的技术创新类型。通过上述分析，我们知道，维持性创新、突破性创新、渐进性创新和破坏性创新等虽各有特点，但还有重叠，所有企业在最终创新成功之前，准确地判断和辨别合适的创新将成为成功的关键。我国采矿业工业企业资源相对匮乏，且资金薄弱，规模较小，所以破坏性创新对其发展非常重要。因此，在创新开始阶段，企业要从复杂多样化的创新模式中准确辨别能够引领采矿业工业企业发展的破坏性创新类型并及时地抓住市场发展机遇，抢占先机，实现成功。

(2) 正确认识和对待破坏性创新。当面对破坏性创新时，采矿业工业企业需要用辩证的眼光来对待，防止出现两个极端：一是和其他行业企业一样，将破坏性创新看成是一个威胁，并不断进行自身技术和产品的巩固，虽然获得了持续性地低端市场盈利，但是再次创新的机遇可能丧失；二是采矿业工业企业会由于破坏性创新发端于低端市场，创新时间长、不确定性高、开始阶段利润低等因素而放弃进行破坏性创新，选择其他的创新方式。这将会使采矿业工业企业放弃与之特点相符的创新方式，从而造成成本和创新压力的不断增大。因此，采矿业工业企业一定要正确认识破坏性创新的特点和因素，意识到其与采矿业工业企业本身特征的适配性和一致性。企业要坚持进行破坏性创新，把握机遇，通过不断开拓进取，取得成功。

（3）妥善处理“互联网+”。前面提到，“互联网+”已经融入到各行各业的生产加工销售过程当中，采矿业工业企业缺乏与其他行业互联的意识，生产加工环节不注重对“互联网+”的运用。企业可以通过互联网平台对全国范围内产品需求进行统计和量化，对生产及加工产品进行市场细分，找到能够满足利润最大化的需求点。而当前采矿业工业企业不注重自身供求、产品等信息的上传，导致外部市场信息链接断裂，而信息的不对称导致多数中小型公司消费需求得不到满足。因此，妥善处理“互联网+”，将是采矿业企业未来很长一段时间升级转型的必然要求。

7.5.3.2 京津冀采矿业开展“互联网+”破坏性创新发展对策建议

面对发达国家“再工业化”和“工业4.0”战略，特别是在京津冀协同发展的框架下，十九大报告提出以疏解北京非首都功能为“牛鼻子”推动京津冀协同发展，以及实行最严格的生态环境保护制度的要求。以下几点值得关注：

（1）采矿业破坏性创新力度要大。企业采用破坏性创新取代维持性创新使得创新效益显著增强，对公司的生产链、供应链、管理层级进行全面的创新改革，剔除不利于可持续发展的部分，采用先进的提纯技术，使低品位矿也能循环利用起来。企业要将具有替代性的非主流技术应用于当前非主流市场，其侧重点并非通过直线追赶和学习主流技术实现技术赶超，而是通过先占领被主流技术忽视的非主流市场，最终实现对主流技术的替代。

（2）破坏性创新要注重盈利性。企业在进行破坏性创新时同时在进行破坏性重构，但由于市场信息不对称和存在创新误区的风险，易造成企业盲目投入资本而对不相关领域进行创新研究，还会造成技术转化率低进而导致创新效益低下。因此，企业在对市场做充分了解的同时要考察自身生产流程、管理流程等环节的创新点，选择关键的目标节点进行创新突破，降低创新风险，提高技术转化效率。

（3）破坏性创新要注重持续发展。企业发展的持续性不仅表现在利润的持续增长，也应体现在社会责任的持续承担。对于创新的可持续性不仅要注重创新经济效益的持续增长，也要注重对社会、自然资源、环境的持续改善。“绿色矿山”“智慧矿山”（吴立新，殷作如，等，2000）的提出都明确了可持续发展战略在采矿业的发展方向。因此，企业在制订技术发展路线的时候要加入对自然生态保护的评估，以技术促发展的同时以技术促生态和谐。

8 京津冀传统产业“互联网+”应用措施及政策建议

通过以上几部分的研究发现，互联网在传统产业的广泛深入应用，在很大程度上破坏了原有的产业链结构，减少了很多环节，同时各环节对产业链全链条的影响程度也得到了较大的改变。因此可以确认，互联网确实能对产业结构及产业链产生破坏性重构效应。

8.1 互联网对传统产业产业链改造的过程以及规律总结

8.1.1 网络经济基本概念与理论

网络经济是指建立在计算机网络基础上的生产、分配、交换和消费的经济关系。

它以信息为基础，以计算机网络为依托，以生产、分配、交换和消费网络产品为主要内容，以高科技为支持，以知识和技术创新为灵魂。首先，从经济形态上，它是信息经济或知识经济的主要形式，又称数字经济。

网络经济是知识经济的一种具体形态，这种新的经济形态正以极快的速度影响着社会经济与人们的生活。与传统经济相比，网络经济具有以下显著的特征：快捷性、高渗透性、自我膨胀性、边际效益递增性、外部经济性、可持续性和直接性。

8.1.1.1 网络经济

网络经济是建立在国民经济信息化基础之上，各类企业利用信息和网络技术整合各式各样的信息资源，并依托企业内部和外部的信息网络进行动态的商务活动，研发、制造、销售和管理活动所产生的经济。它建立在信息流、物流和资金流的基础之上，依靠网络实现经济。网络经济改变了企业的传统经营模式、经营理念。

网络经济有两个基本要素：经济行为主体的“集”和经济链的“集”。网络经济与其说是由经济行为主体构成，还不如说是由经济行为主体之间的特殊经济联系组成。经济行为主体以及他们之间的联系链可以是同质的，也可以是异质的。换言之，经济行为主体以及他们之间的联系链可以是同行业的，也可以是不同行业的。对网络经济可以从狭义和广义两个方面来理解。狭义而言，网络经济主要是指以信息和计算机网络为核心的信息和通信技术的产业群体。广义而言，网络经济主要是指电信、电力、能源、交通运输等网状运行行业构成的产业群体。网络经济学者认为，网络经济已经成为规模经济或范围经济，其经济运作往往涉及一个国家的范围，甚至跨越国界，把几个国家或一个巨大的区域联结在一起。

8.1.1.2 梅特卡夫法则

根据网络经济学基本定理——梅特卡夫法则的定义，认为互联网的价值随着用户数量的增长而呈算术级数增长或二次方程式的增长的规则。网络价值等于网络节点数的平方，即 $V=n^2$（V 为网络的总价值，n 为用户数）。

梅特卡夫定律是一条关于网上资源的定律，该定律由新科技推广的速度决定，所以网络上联网的计算机越多，每台电脑的价值就越大。新技术只有在有许多人使用它时才会变得有价值。使用网络的人越多，这些产品才变得越有价值，因而越能吸引更多的人来使用，最终提高整个网络的总价值。一部电话没有任何价值，几部电话的价值也非常有限，成千上万部电话组成的通信网络才把通信技术的价值极大化了。当一项技术已建立必要的用户规模，它的价值将会呈爆炸性增长。一项技术多快才能达到必要的用户规模，这取决于用户进入网络的代价，代价越低，达到必要用户规模的速度也就越快。有趣的是，一旦形成必要用户规模，新技术开发者在理论上可以提高对用户的价格，因为这项技术的应用价值比以前增加了。进而衍生为某项商业产品的价值随使用人数的增加而增加的定律。

信息资源的奇特性不仅在于它可以被无损耗地消费，如一部古书从古至今都在“被消费”，但不可能“被消费掉”，而且信息的消费过程很可能同时就是信息的生产过程，它所包含的知识或感受在消费者那里催生出更多的知识或感受，消费它的人越多，它所包含的资源总量就越大。互联网的威力不仅在于它能使信息的消费者数量增加到最大限度（全人类），更在于它是一种传播与反馈同时进行的交互性媒介（这是它与报纸、收音机和电视机最不一样的地方）。

所以梅特卡夫断定，随着上网人数的增长，网上资源将呈几何级数增长，网络外部性是梅特卡夫法则的本质。

8.1.1.3 网络外部性

网络外部性的概念最早是由 Rohlfs（1974）提出的，他指出网络外部性是需求方规模经济的源泉。当一种产品对消费者的价值随着其他使用者数量增加而增加时，就说这种产品具有网络外部性。

Katz 和 Shapiro 在 1985 年对网络外部性进行了较为正式的定义：随着使用同一产品或服务的用户数量变化，每个用户从消费此产品或服务中所获得的效用的变化。网络外部性广泛存在于电信、航空等领域，是传统经济学中的外部性在网络系统中的表现。

网络外部性产生的原因——网络具有外部经济性的根本原因在于网络自身的系统性、网络内部信息流的交互性和网络基础设施长期的垄断性。

网络外部性是新经济中的重要概念，是指连接到一个网络的价值取决于已经连接到该网络的其他人的数量。通俗地说，就是每个用户从使用某产品中得到的效用与用户的总数量正相关。用户人数越多，每个用户得到的效用就越高，网络中每个人的价值与网络中其他人的数量成正比。这也就意味着网络用户数量的增长，将会带动用户总所得效用的几何级数增长。网络外部性分为直接外部性和间接外部性。直接网络外部性是通过消费相同产品的用户数量变化所导致的经济收益的变化，即由于消费某一产品的用户数量增加而直接导致商品价值的增大；间接网络外部性是随着某一产品使用者数量的增加，该产品的互补品数量增多、价格降低而产生的价值变化。

网络外部性可以从不同的角度来理解，主流的观点倾向从市场主体中的消费者层面来认识。这种观点给出了一个明确的定义：当一种产品对用户的价值随着采用相同产品或可兼容产品的用户增加而增大时，就出现了网络外部性。也就是说，由于用户数量的增加，在网络外部性的作用下，原有的用户免费得到了产品中所蕴含的新增价值而无需为这一部分的价值提供相应的补偿。以购买办公软件为例，随着使用office软件的用户增多，该产品对原有用户的价值也随之增大，因为你可以与更多的使用office产品的用户实现信息兼容与共享，从而提高办事效率。其他许多数字产品也有网络外部性。例如，如果很多人玩某个电脑游戏，它就会被更多的人所了解，在选择游戏软件的时候，顾客往往偏向选择有名气的游戏。当使用Java语言（一种因特网的编程语言）的人越多时，我们在电脑上使用Java从网上下载的可能性就越大。更一般的例子是通信网络，如E-mail或新闻组。如果没有人用E-mail或新闻组，它的价值就比较低；但如果大家都用它，它的价值就大得多，而且较早采用这种通信方式的人所获得的利益将随着使用者的增多而增加，因为他可以通过这种方式和更多的人进行联系了。

诸如此类的现象在我们现实的经济生活中并不少见，只是在不同的领域中体现的规模和重要性有所不同。我们可以发现在它们之间存在着某些共同之处：无论是客户形成的销售网络还是通信网络，网络的价值都随着网络用户数的增加而增大，规模大的网络价值相对较大；同时，网络用户所能得到的价值分为两个不同的部分：一个部分叫作“自有价值”，是在没有别的使用者的情况下，产品本身所具有的那部分价值，有时这部分“自有价值”为零（设想一下如果世界上只有一个人使用E-mail的情况，这时E-mail不具有任何价值）；另一部分叫作“协同价值”，就是当新的用户加入网络时，老用户从中获得的额外价值（因为他们通过网络可以到达的节点增多了）。在没有实现外部性的内在化之前，用户是无需对这部分价值进行相应支付的。这部分“协同价值”就是网络外部性的经济本质。

网络外部性是网络经济中一个重要的概念，理解网络经济的核心就是理解网络的外部性。

8.1.1.4 网络经济下的竞争

网络经济有着与传统经济迥然不同的特征、原理和规律。在网络经济中，企业必须顺应环境的变化，采取全新的竞争原则和竞争策略，方有可能在激烈的竞争中取胜。下面提出的五大竞争原则，勾画出一家公司由弱变强的若干重要途径。

第一，主流化原则。

网络公司相信，要使软件在市场中获得成功，必须激发大量需求。通过快速形成巨大的市场占有率，导航者成为这个领域的标准。这种为了赢得市场最大份额而赠送第一代产品的做法被称为主流化原则。主流化原则有助于吸引顾客，迅速提高市场份额，使企业在市场上占有主流地位。

主流化原则可以推广为：企业降低价格、锁定特定的用户群，发展长远的顾客。所谓锁定，是指通过吸引顾客，使顾客无法放弃你的产品以占领市场的过程。由于惯性、懒惰与时间的珍贵，人们愿意始终只与一个相对固定的公司进行交易。低价推动的正反馈机制是主流化原则的灵魂。微软公司通过每六个月发行一个新版本的方法，从用户身上获取大量利润。原用户不但本身被锁定在微软产品上，通过重复购买产生累积效应，而且还会向其亲戚朋友进行推荐，使微软产品的影响迅速扩大，在消费者心目中逐步变成一种时尚，一种非买不可的产品。这时，该产品已取得主流地位。

第二，个人市场原则。

在传统经济中，通行以全体顾客为对象的大批量生产、大众化销售方式。在网络经济中，出现了“柔性生产”技术。由于互联网的互动作用，企业易于了解消费者的个人偏好，可以借助于网络和计算机，适应个人的需要，有针对性地提供低成本、高质量的产品或服务。个体化产品的售价要比大批量生产的产品价格高，这不但因为支出的成本较高，而且因为它更容易激起顾客的购买欲望。Broad Vision 可在网上向人们提供经过剪裁的个人报纸。只要说出你感兴趣的新闻的范围、类型和侧重点，以及对于版面设计或其他方面的基本要求，你就能得到一份充满个人色彩的、图文兼茂的报纸。

第三，特定化原则。

与个人市场原则密切相关的是特定化原则，即挖掘个人市场，然后瞄准市场中某类特定顾客。公司必须首先找出具有代表性的个人习惯、偏好和品味，据此生产出符合个人需要的产品。然后，公司找出同类型的大量潜在客户，把他们视作一个独立的群体，向他们出售产品（服务）。为了吸引特定顾客的注意力，公司应迎合他们共同的人生经历、价值观念和兴趣爱好，创造一个虚拟社会，唤起一种社区意识。虚拟社会能使客户树立对品牌的忠诚。在建立虚拟社会上投入的越多，得到的客户忠诚和收入回报就越多。一项产品一旦成了虚拟社会注意的焦点，它就达到了锁定客户的目标，该社区的成员将会拒绝购买其他同类产品。为了锁定客户，仅靠产品的品牌化是不够的，客户还应因其忠诚而受到奖励。瞄准特定市场是一个循环往复的过程：公司跟踪调查单个顾客的消费行为，将有关数据输入电脑，从而对某一消费者群体的购买行为做出预测，并施加一定的影响，如邮寄广告或有针对性的购物指南。对于那些老客户，还可以享受额外的打折优惠。

瞄准特定客户，是弱小公司的最佳策略。由于小公司的资源和能力有限，只能瞄准范围有限的特定客户群。随着锁定一部分客户并不断扩大战果，公司可遵循主流化原则迅速提高市场占有率。但是，随着市场份额的上升，瞄准特定市场的效果也就逐步下降，因为未受控制的份额在迅速缩小。当然，随着公司的发展，它所瞄准的客户的范围将会不断扩大。

第四，价值链原则。

一种产品的生产经营会有多个环节，每个环节都有可能增值，我们将其整体称作价值链。价值链原则包括三层含义：

其一，公司不应只着眼于价值链某个分支的增值，而应着眼于价值链的整合，着眼于整个价值链的增值。

其二，公司应尽可能多地拥有或控制价值链上的分支，并从中赚取尽可能多的利润。

其三，公司应缩短价值链，获取由被砍掉的价值链分支曾经获取的收入。

价值链的每一环节都应有价值增值，并使价值乘数达到最大。所谓价值乘数，是指增值总量与增加的投资之比。价值乘数的大小与客户数量、反应率、结账率（实际购买人数）和价格呈正向关系，与广告费用呈反向关系。公司应设法稳定价格、增加客户数量、提高反应率和结账率，减少广告费用。而要做到这一点，关键是瞄准特定市场、创造虚拟社会，锁定比较狭窄的客户群；或者运用“柔性生产”，使个人需要得到较大的满足，使产品可以有更高的售价。换而言之，个人市场原则和特定化原则可使价值乘数达到最大化。

在控制价值链分支上，最能带来巨额利润的是建立一个新的价值链，即建立一个由相关公司组成，存在着上、下游关系的产业。例如，微软公司是一个产业，苹果公司只是一个公司。微软公司产业不仅包括了本公司，还包括成千上万个开发商、合作伙伴和追随者。索尼等游戏机制造商出售的游戏机是亏损的，但它可以锁定用户并将之纳入自己的价值链中。索尼公司不但可以通过出售游戏软件大发横财，还可以从影院、快餐店及玩具制造厂等生产相关产品的价值链的分支上获取利润。

第五，适应性原则。

由于互联性的存在，市场竞争在全球范围内进行，市场呈现出瞬息万变之势。精心制订好的发展计划，很可能在转眼间就成为一堆废纸。因此，对公司的经营策略及时做出调整，或使公司的组织结构具有足够的弹性，以适应市场的急剧变化，已成为任何公司必须遵循的最基本的竞争原则之一。公司的适应性原则包括三方面的内容：公司产品的适应性、公司行为的适应性和公司组织的适应性。

其一，公司产品的适应性：即公司产品（服务）能适应消费者不断变化的个人需要。

其二，公司行为的适应性：即公司行为要适应市场的急剧变化。

其三，企业组织的适应性：即企业组织要富于弹性，能随着市场的变化而伸缩自如。公司组织通常等级森严、权力集中。在网络经济中，面对着大量信息的快速传递，面对着市场的急剧变化，面对着全球范围的竞争对手，现有的僵化的组织结构已经难以为继了。如果任何一项行动都必须等待公司总裁的批准，这项行动往往会变得毫无意义。

在网络经济中，由于外界环境的变化极其迅速，推动公司发展的不再是效率，而是高度的适应性。应该把公司看成是有机体，它可以感受环境、适应环境，甚至改变环境。市场环境则是一种选择机制，它可以判定哪种有机体更适合生存。公司可通过下列几种手段来设计自己的组织结构，使之具有高度的适应性。

（1）多元化：圣达菲研究所只有三个长期的职员，分别是物理学家、经济学家和生物学家，其余的雇员都是短期性质。它使跨学科的工作人员每天聚集在一起，平等参与讨论会中的任何一个话题。由于环境的变化是多方面的，多元化的思想和不断变化的新成员带来的新思想，增强了该组织对市场的适应性。

（2）可渗透边界：一个组织的边界应该是模糊的，具有可渗透性，使组织可以随时吸收它所需要的人，扬弃它暂时不需要的人。以快速变化著称的投资银行，为了对市场上的新机会迅速做出反应，以小组作为其基本组织单元。每个小组成员可随时更新，增加能带来新技术和新思想的成员和与外部专家的关系。投资银行鼓励员工相互交流，并与组织之外的人交流，对建立新关系的员工予以奖励。渗透性的组织可以轻而易举地建立关系，并借此把知识、人才和机会抓到手中。

（3）大与小的辩证法：传统上认为，大公司由于官僚主义盛行，难以适应市场变化。小公司则反应敏捷，具有很强的适应性。但是，在网络经济中，小公司也存在着问题，为发展经济网要消耗大量时间和人力资源，降低了公司的经济效益。在网络经济中，公司要既大又小。它要足够大，以便具有足够大的视野，把握全球市场的转变，进行大规模的投资。它又要足够小，以便灵活、机动、目标单一，能对市场的变化做出即时反应。要做到大与小的统一，关键在于如何看待基础设施。软件、网络、工艺、资本设备都是基础设施的一部分。一个公司不必拥有基础设施，但可以利用它并从中获益。

8.1.2 “+互联网”与“互联网+”

“+互联网”与“互联网+”是互联网与传统产业结合发展中两个不同的发展阶段，一般理解“+互联网”属于在狭义互联网经济时代繁荣时期，互联网领域的激烈竞争加之人才和资金的溢出效应，以及部分学者科研成果，催生出了传统企业对互联网的应用，这在一定程度上，给先行者带来了短暂的竞争力提升。而“互联网+”是在网络经济发展到一定阶段后，互联网企业在国家政策刺激以及商业模式创新驱动下，主动进军传统行业，对传统产业链进行破坏性重构的过程。其对产业链和产业价值链的改造是具有颠覆性的，对于中国起步较晚的制造业等传统产业而言，其能够大幅度提升中国在国际产业价值链条中的价值增值能力，引领我国产业向国际产业链高端环节进发，提升我国产业在国际产业链中的地位。

8.1.2.1 “传统产业+互联网”的形式、机理及作用

第一，“传统产业+互联网”的形式主要是基于原始创新的冲动而带来的传统产业接近新鲜事物“互联网”，以及互联网企业向传统产业扩展而带来的浅层次、简单形式的合作模式（见图8-1）。

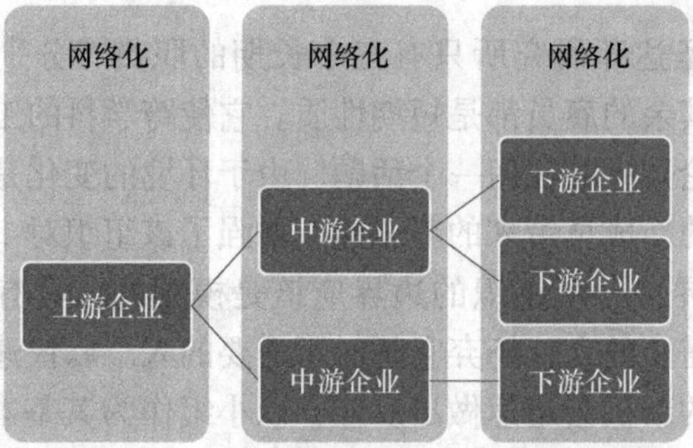

图8-1 “传统产业+互联网”示意图

对于处在互联网时代的各个产业而言，与互联网的亲密接触都是不可避免且必然会发生。这个亲密接触的起始过程就形成了“传统产业+互联网”的各类形态，主要包括传统产业链中某个具体企业自身的信息化，以及其某个业务环节的互联网化；或者互联网企业介入传统产业链中的个别企业，参与其内部业务流程重组；或者是某个企业进行的广义信息化系统的建设等。

第二，“传统产业+互联网”的形成，其主要机理仍然属于“信息化”带来

的功能延伸和形式拓展。

第三，“传统产业+互联网”对传统产业和互联网产业的改变并不强烈，虽然为各自带来了创新，但是因为创新程度不高，所以带来的融合也一般。其主要特征仍然属于“信息化”的范畴，更多的是提高了工作效率，对工作流程的改变也仅限于企业内部业务流程重组，且重组速度较慢，重组程度较低。同时也能提升企业间沟通效率，加速信息流转速度，以此提高物流、资金流和商流的流转速度，使生活、工作节奏更快。但并不能从根本上改变产业链结构，也不能对产业链各环节的价值分布产生太大冲击。其带给传统企业的创新属于“渐进型创新”，可在短期内为信息化水平较高的企业带来暂时的竞争优势，长期来看这种优势将被弱化直至消失；也可在长期发展中为整个产业的创新带来缓慢但有效的整体变化。

这些“信息化”，无法对产业链形成冲击，更多的是在悄然渗透并缓慢改变产业链，并给产业链各环节的价值分配带来变革。这种变化并没有明显体现“梅特卡夫法则”背后的网络外部性。

8.1.2.2 “互联网+传统产业”的形式、机理及作用

第一，“互联网+传统产业”的形式，主要体现在产业链方面，一种是传统产业产业链某环节彻底互联网化，另一种是围绕互联网企业形成新的产业链条。这两种形式都对产业链各环节的价值分配产生了非常大的影响。

第二，“互联网+传统产业”形成的机理，主要是互联网的“网络外部性”，其是在互联网企业的快速增长下，其本身能够创造的价值越来越大，能带给周边相关企业的价值也就越来越多，这个因素吸引着更多的传统企业围绕到“互联网企业”周边，形成新的产业链，进而形成“互联网+传统产业”的形式。

第三，“互联网+传统产业”的作用，主要体现在几个方面：首先，“互联网+传统产业”能够改变国内行业产业链格局，通过改变产业价值链，彻底改变行业内不同环节的企业所处的地位和影响力，进而改变企业格局。显著增强分布式零售端企业的影响力和价值水平，并明显增加生产企业间的竞争压力，对生产企业和零售企业间的各环节，易产生毁灭性打击。其次，“互联网+传统产业”能够提升我国互联网企业的国际竞争力，互联网企业通过在国内对传统产业链及其价值链的改造，积累先行经验和原始资本，对其走出去并与国际互联网巨头间的竞争产生差异性有着极其重要的作用，避免了与国际互联网巨头间的正面厮杀。再有，“互联网+传统产业”能够提升我国传统企业在国际产业链中的地位和影响力，“互联网+传统产业”是一个不可逆的发展趋势，因此其在全球范围内的蔓延也是一种发展的必然，中国企业先行经历了国内的“互联网+传统产业”，为其积累了宝贵的转型经验，甚至会主动寻求向国际产业链其他环节进行渗透和传递，借此提升我国企业在国际产业链中的位置，促进其向国际产业链高端发展，提高在价值链中的价值分配能力。

8.1.3 “互联网+”对传统产业价值链重构的过程

产业链是产业经济学中的一个概念，是各个产业部门之间基于一定的技术经济关联，并依据特定的逻辑关系和时空布局关系客观形成的链条式关联关系形态。产业链是一个包含价值链、企业链、供需链和空间链四个维度的概念。这四个维度在相互对接的均衡过程中形成了产业链，这种“对接机制”是产业链形成的内模式，作为一种客观规律，它像一只“无形之手”调控着产业链的形成。

产业链的本质是用于描述一个具有某种内在联系的企业群结构，它是一个相对宏观的概念，存在两维属性：结构属性和价值属性。产业链中大量存在着上下游关系和相互价值的交换，上游环节向下游环节输送产品或服务，下游环节向上游环节反馈信息。

“互联网+传统产业”意味着互联网对传统企业的内部运转机制和外部合作机制都产生了破坏性改造，外部的破坏性在价值链、企业链、供需链和空间链四个维度上均有显著体现。

对价值链的破坏性是由互联网对空间的破坏，增加了企业供需范围、企业供需范围的增加，对企业链中核心企业产生巨大冲击，甚至把处于核心地位的企业从生产型企业转变为互联网企业。企业链中企业地位的改变，对价值链的改变就成为必然，并且产生了巨大的、破坏性的重构。

价值链概念是由哈佛商学院教授迈克尔·波特（Michael Porter）1985 年在《竞争优势》(Competitive Advantage）一书中提出的。他认为，“每一个企业都是在设计、生产、销售、发送和辅助其产品的过程中进行种种活动的集合体。所有这些活动可以用一个价值链来表明。”也是指一个企业的价值链或内部价值链。

产业价值链与产业链、价值链之间的关系在于利用价值链的分析方法来考察产业链。产业为满足用户需求而实现价值所形成的链条，也就是在产业链中、在企业竞争中所进行的一系列活动仅从价值的角度来分析研究，称之为产业价值链。它以产业链为基础，从整体角度分析产业链中各环节的价值创造活动及其影响价值创造的核心因素。

当价值链理论的分析对象由一个特定的企业转向整个产业时，就形成了产业价值链。价值链与产业价值链是从不同的角度说明价值创造的过程，前者侧重价值创造环节，后者涉及到组织的职能及关系。产业价值链代表了产业层面上企业价值融合的更加庞大的价值系统，每个企业的价值链包含在更大的价值活动群中，实现整个产业链的价值创造和实现。产业链的价值活动囊括了产业链中企业所有的价值活动，但这些活动并不是简单的大杂烩，而是在产业链的价值组织形式下发现和创造价值。在产业价值链没有形成前，各企业的价值链是相互独立的，彼此间的价值联结是松散的。经过产业整合之后，企业被捆绑到一个产业价值链系统里，产业链应用企业间价值链的创新联结来创造出新的价值。

“互联网+”的出现，是又一次产业整合，其作用的过程可以总结为如下过程：第一步是在产业最末端或者整个产业中最终价值实现的环节，互联网企业强势介入并形成新型公司，通过快速扩张，形成其在整个产业链中的巨大影响力；第二步是资本的介入，把原有的不可能出现在价值实现环节的金融机构带入进来，进一步扩大影响力；第三步是甩开价值实现环节原有的上游或下游企业，直接对接价值生产企业或整合价值维护企业，使产业链从原有的链式结构向以互联网企业为核心的星型结构转变；第四步是实现产业价值链的破坏性重构。

8.1.4 “互联网+”对传统产业价值链破坏性重构的规律总结

“互联网+”对传统产业价值链破坏性重构的内在规律，完全符合破坏性创新的基本原理，美国学者 Christensen 将破坏性创新分为低端市场破坏和新市场破坏两种模式。低端市场破坏是指通过全新的商业模式，吸引企业通常不看重的低端顾客的消费而成长，这些顾客属于价格敏感型顾客，或者买不起，或者因为贵而放弃购买。对于低端市场破坏而言，在其向高端市场挺进的过程中，可以非常容易地制订出正确的产品改进次序。新市场破坏并不会正面侵犯主流市场，而是与非消费者合作，这些非消费者对某类产品或者产品的某些功能有需求，但是市场上的这类产品的性能、外观、尺寸甚至价格往往与他们的需求不符。因此，最初这些非消费者除了破坏性创新的产品别无选择，但随着产品性能的改进，原来对产品性能比较挑剔的主流消费者也逐渐脱离原来的价值网络，进入这个从最不挑剔的市场层级发展起来的新网络，因为这个新市场的产品在性能或其他方面更加便利。

“互联网+”对传统产业价值链的破坏性重构的根本起源在于对低端需求市场的整合能力和对传统产品性能、尺寸、外观、智能化的改造而引起的新市场破坏。其冲击力在于其发展的速度先天具有“互联网速度”的特性。其改造能力在于互联网本身所具有的“信息透明”特征，对产业链原本的企业间信息传递不对等情况产生了根本性的改变，导致原有产业生态遭到致命破坏，产业链随之土崩瓦解。

8.2 京津冀“互联网+传统产业”发展对策

8.2.1 提升产业竞争力为目的的京津冀传统产业“互联网+”发展对策

基于 8.1 所总结的“互联网+”对传统产业价值链破坏性重构的过程和规律，以提升京津冀传统产业竞争力为出发点，提出以下几方面的“互联网+”应用对策：

第一，选择京津冀最具普遍性，但在产业价值链当中地位较低，且在激烈的竞争中具有一定的竞争力的企业群作为研究对象和发展着力点。

京津冀地区各类产业种类丰富，既有高端装备制造，也有生物医药，还有新材料、新能源汽车、环保产业和石油化工。

其中京津走廊高技术和生产性服务业产业带及东部沿海临港产业带，产业在国内产业链中的地位处于中高端，但国际产业链地位一般。沿京广线先进制造业产业带所属产业在国内产业链处于中端，在国际产业链中处于中低端地位。沿京九线特色产业带和张承线绿色生态产业带在国内产业链中处于中低端地位，在国际产业链中地位则更低。

而京津冀特色产业基地发展情况则各不相同，河北省较为明显的县域特色产业大多处于低水平重复发展状态，国内国际产业链地位以低端或底端状态居多。竞争力低下，利润低，在产业价值链中处于绝对的底端。其主要原因是产品技术含量低、创新能力不足，以低水平重复为主，并且缺乏服务能力和产业整合能力，产业资源整合方面话语权缺失，这也是零部件制造企业普遍的难题。加上低水平重复技术含量低带来的企业竞争力弱，产业内部竞争激烈，内卷化现象严重，进一步消耗了产业自身实力。这种情况下，如果不对原有产业价值链做出破坏性重构，某些产业将长期处于恶性循环状态中，并进一步降低在价值链中的地位。

第二，研究企业群所在产业链最终产品消费群体特征，着重注意两方面，首先是产品需求是否被过度满足，其次是产品有哪些方面对于产品功能使用者存在不便或不友好。

随着渐进式创新在某一行业或某一产业的持续推进，大多数产业产品会出现功能越来越完善、越来越复杂的情况，这种情况的持续发展，导致产品的基本功能被掩盖，用户需要付出远超出基本需求的价格，价值与价格严重背离。

另外，某些产品在主流市场很好使用，但是该产品的各种功能由于无法迁移至其他领域或者迁移后存在严重不便，但由于该功能所针对的用户数量较少。企业进行改造的意愿较低。这种情况下，对主流产品的便利化或产品功能的便利化改造，将成为部分企业未来的竞争力所在。

第三，挖掘“低水平”需求群体，找准其明确需求的功能、价格、特点等。

应由各传统产业研究会或产业协会，深入挖掘各产业各类需求群体，找出“低水平”需求群体，并结合这类群体的互联网特征，对原产品的功能进行改造，以降低价格。

第四，寻求互联网商业模式的介入与创新，商业模式应在快速、便捷、低价（甚至免费）的特征下，满足“低水平”需求群体。

第五，超快速扩张。寻求互联网商业资本的介入，以符合互联网商业发展的速度，快速扩张，以最短的时间抢占最大的市场，使京津冀相关企业在产业价值链中进入核心环节，并具备较大的市场话语权。

8.2.2 以提升京津冀传统产业协同发展能力为目的的“互联网+”发展对策

“互联网+传统产业”对产业链各环节间的协同能力有很大程度提升，京津冀目前的产业特点非常鲜明，有各自突出的特点，北京以服务业和高科技产业为主，其中互联网行业发展尤为发达，天津则是中高端制造业及运输物流业较为发达，河北则是钢铁、医药、化工等高能耗制药业和运输物流为主。在京津冀地区，“互联网+传统产业”具备了互联网行业条件和传统产业条件，如果能够把二者融合起来，则能够发挥北京的互联网因素和智力因素，带动天津和河北的制造业发展，使北京对周边的虹吸效应转变为带动效应，同时能为北京的互联网风险资本找到更多的出口。

第一，政策引导，三省市根据自身的产业特点，积极出台政策，引导互联网企业与传统企业融合发展。

第二，协会牵线，三省市各行业协会间加强沟通，尤其是跨行业协会的深入沟通，积极为互联网企业寻找合适的传统产业，为传统企业寻找适合的互联网模式和资本。

第三，传统企业主动作为，尽可能寻求互联网发展的契机，把视野放到更宽更远，以挑战者的姿态，以无畏的勇气，创造新的商业模式，破坏旧有市场运行模式，以互联网的力量快速成为产业链和产业价值链的主要环节。

第四，北京的互联网企业多为生活服务型或娱乐服务型为主，真正的制造业或其他传统产业服务型的比较少，说明北京的生活服务需求以及娱乐服务需求较大，容易找到盈利点。但是从长远看，浙江的与传统产业融合发展的互联网企业更具竞争力，并且不易受资本市场的波动影响。因此北京的互联网企业主动与传统产业结合发展，才是关键。

8.3 总结

以上研究发现，京津冀地区的传统产业受到“互联网+”的冲击还非常不足，远没有达到“破坏性创新”的程度，主要是由于：第一，北京地区发达的互联网行业，没有把注意力更多地关注到传统产业；第二，河北和天津的传统产业，尤其是制造业，对于“互联网+”仍然没有明确的认识，没有认识到“破坏性创新”对自身在产业价值链中地位的提升作用。

在目前“互联网+传统产业”的发展浪潮中，京津冀的现状如果不得到很好的改变，在不远的未来，将可能使得京津冀地区的各类产业受到负面影响，进而使产业价值链的地位进一步降低。

参考文献

[1] Benner M J, Tushman M. Process management and technological innovation: a longitudinal study of the photography and paint industries [J]. Administrative Science Quarterly, 2002, 47 (4): 676~707.

[2] Broekstra G. A synergetics approach to disruptive innovation [J]. Kybernetes the International Journal of Systems & Cybernetics, 2002, 31 (9/10): 1249~1259.

[3] Callaway S K, Hamilton R D. Managing disruptive technology—Internet banking ventures for traditional banks [J]. International Journal of Innovation & Technology Management, 2008, 5 (1): 55~80.

[4] Cerf, Vinton G. An information avalanche [J]. Computer, 2007, 40 (1): 104~105.

[5] Chandy R K, Tellis G J. Organizing for Radical Product Innovation: the overlooked role of willingness to cannibalize [J]. Journal of Marketing Research, 1998, 35 (4): 474~487.

[6] Charitou C D, Markides C C. Responses to disruptive strategic innovation [J]. Mit Sloan Management Review, 2003, 44 (2): 55~63.

[7] Christensen C M. The ongoing process of building a theory of disruption [J]. Journal of Product Innovation Managemen, 2010, 23 (1): 39~55.

[8] Basu C. Disrupting class: how disruptive innovation will change the way the world learns [J]. Journal of Information Privacy and Security, 2009, 5 (4): 70~71.

[9] Christensen C M, Raynor M E. Why hard-nosed executives should care about management theory [J]. Harvard Business Review, 2003, 81 (9): 66.

[10] Christensen C. 创新者的窘境: When New Technologies Cause Great Firms to Fail [M]. 北京: 中信出版社, 2014.

[11] Govindarajan V, Kopalle P K. Disruptiveness of innovations: measurement and an assessment of reliability and validity [J]. Strategic Management Journal, 2010, 27 (2): 189~199.

[12] Kenagy J W, Christensen C M. Disruptive innovation—New diagnosis and treatment for the systemic maladies of healthcare [J]. World Markets, 2002.

[13] Kyriazopoulos P, Samanta-Rounti I. Approaches to knowledge management in greek firms [J]. Springer-Verlag, 2008.

[14] Leifer R. Implementing radical innovation in mature firms: the role of hubs [J]. Academy of Management Executive, 2001, 15 (3): 102~113.

[15] Levy M, Grewal D, Kopalle P K, et al. Emerging trends in retail pricing practice: implications for research [J]. Journal of Retailing, 2004, 80 (3): 13~21.

[16] Lindsay J, Hopkins M. From experience: disruptive innovation and the need for disruptive intellectual asset strategy [J]. Journal of Product Innovation Management, 2010, 27 (2): 283~290.

[17] Ozdemir S, Trott P. Exploring the adoption of a service innovation: A study of Internet banking adopters and non-adopters [J]. Journal of Financial Services Marketing, 2009, 13 (4): 284~299.

[18] Solo C S. Innovation in the capitalist process: a critique of the schumpeterian theory [J]. Quarterly Journal of Economics, 1951, 65 (3): 417~428.
[19] Srinivasan R, Lilien G L, Rangaswamy A. Technological opportunism and radical technology adoption: an application to E-business [J]. Journal of Marketing, 2002, 66 (3): 47~60.
[20] Thomke S H, Nimgade A. IDEO product development [J]. Harvard Business School Cases, 2000.
[21] Trott P. Exploring Knowledge Flows and Losses in The "Open Innovation" age [M]. Basingstoke: Palgrave Macmillan UK, 2008.
[22] Yap K B, Wong D H, Loh C, et al. Offline and online banking—Where to draw the line when building trust in e-banking? [J]. International Journal of Bank Marketing, 2010, 28 (1): 27~46.
[23] 曹丽艳. 后发企业的创新选择及其破坏性创新的路径研究 [D]. 哈尔滨: 哈尔滨理工大学, 2013.
[24] 陈一飞. 低碳背景下住宅产业破坏性创新发展研究 [J]. 软科学, 2012, 27 (7): 15~17.
[25] 陈有勇. 互联网时代的企业组织转型研究 [D]. 北京: 中共中央党校, 2016.
[26] 成冬梅. 互联网时代传统产业创新模式的新思考 [J]. 经营管理者, 2014 (35): 270.
[27] 程立茹. 互联网经济下企业价值网络创新研究 [J]. 中国工业经济, 2013 (9): 82~94.
[28] 方文静. 中小企业破坏性创新选择的比较分析 [J]. 中国西部科技, 2011, 10 (3): 70~71.
[29] 冯夏庭, 王泳嘉. 采矿科学发展的新方向——智能采矿学 [J]. 科技导报, 1995, 13 (8): 20~22.
[30] 郭士倜, 闵宗陶. 一个新企业破坏性创新选择的比较分析 [J]. 经济问题, 2009, 360 (8): 44~46.
[31] 江积海. 后发企业知识传导的成本动因及其作用机理 [J]. 科研管理, 2009 (6): 1~8.
[32] 兰筱琳, 黄茂兴. 工业 4.0 背景下中国制造业转型升级的现实条件与发展策略 [J]. 中国矿业大学学报 (社会科学版), 2018, 20 (5): 47~59.
[33] 刘伯恩. 负责任与可持续矿业开发相关进展——2015 年中国国际矿业大会相关论坛综述 [J]. 国土资源情报, 2016, 181 (1): 13~17.
[34] 罗文. 信息化发展形势、问题与对策 [J]. 新重庆, 2015 (4): 25~27.
[35] 沈志渔, 孙婧. 基于破坏性创新的新兴企业成长路径研究 [J]. 首都经济贸易大学学报, 2014, 16 (1): 90~96.
[36] 宋建元, 葛朝阳, 陈劲. 我国基础研究原始性创新存在的问题及政策建议 [J]. 中国科技论坛, 2005 (1): 4~8.
[37] 宋耘, 曾进泽. 后发企业从模仿创新到自主创新的演化路径研究 [J]. 现代管理科学, 2007 (5): 36~39.
[38] 孙金曼, 王帮俊. 基于灰色理论的大中型采矿业企业技术创新影响因素分析 [J]. 科技管理研究, 2012, 32 (9): 5~8.
[39] 孙启贵, 汪滢. 破坏性创新的影响因素与演化机理 [J]. 科技进步与对策, 2009, 26

(11): 4 ~ 7.
[40] 王炳成, 许长宇. 破坏性创新商业模式的成长路径研究 [J]. 科技进步与对策, 2010, 27 (16): 1 ~ 4.
[41] 王洪武, 吴爱祥. 经济全球化对我国采矿工业科技创新的影响及对策 [J]. 矿业研究与开发, 2003, 23 (1): 5 ~ 8.
[42] 王志玮, 陈劲. 企业破坏性创新概念建构、辨析与测度研究 [J]. 科学学与科学技术管理, 2012, 33 (12): 29 ~ 36.
[43] 吴立新, 殷作如, 邓智毅, 等. 论21世纪的矿山——数字矿山 [J]. 煤炭学报, 2000, 25 (4): 337 ~ 342.
[44] 谢福泉, 胡锈腾. 上海制造业行业创新破坏性特征与创新模式选择 [J]. 科技进步与对策, 2015 (13): 69 ~ 75.
[45] 薛捷. 破坏性创新理论述评及推进策略 [J]. 管理学报, 2013, 10 (5): 768 ~ 774.
[46] 袁媛. 基于破坏性创新的中小企业绩效改善研究 [D]. 天津: 天津理工大学, 2013.
[47] 张洪石, 付玉秀. 影响突破性创新的环境因素分析和实证研究 [J]. 科学学研究, 2005, 23 (B12): 255 ~ 263.
[48] Christensen C M, Leslie D. The Innovator's Dilemma [M]. Cambridge: Harvard Business School Press, 1997.
[49] Thomond P, Herzberg T, Lettice F. Disruptive innovation: Removing the innovators dilemma [J]. 2003, 80 (11): 115 ~ 123.
[50] Rafii F, Kampas P J. How to identify your enemies before they destroy you [J]. Harv Bus Rev, 2002, 80 (11): 115 ~ 123.
[51] 吴贵生, 谢伟. "破坏性创新" 与组织响应 [J]. 科学学研究, 1997 (4): 35 ~ 39.
[52] 陈劲, 戴凌燕, 李良德. 突破性创新及其识别 [J]. 科技管理研究, 2002, 22 (5): 22 ~ 28.
[53] 赵明剑, 司春林. 通过突破性技术创新实现我国企业技术跨越 [J]. 科学管理研究, 2003, 21 (6): 23 ~ 27.
[54] Sandberg B. Creating the market for disruptive innovation: Market proactiveness at the launch stage [J]. Journal of Targeting Measurement & Analysis for Marketing, 2002, 11 (2): 184 ~ 196.
[55] Trott P. The role of market research in the development of discontinuous new products [J]. European Journal of Innovation Management, 2001, 4 (3): 117 ~ 126.
[56] Rice M, Kelley D, Peters L, et al. Radical innovation: triggering initiation of opportunity recognition and evaluation [J]. R & D Management, 2001, 31 (4): 409 ~ 420.
[57] 陈京民. 大型企业技术突破性创新管理研究 [J]. 科技进步与对策, 2000, 17 (11): 57 ~ 59.
[58] Takamatsu T, Tomita J. Disruptive Innovation: A case of full mold casting [J]. Annals of Business Administrative Science, 2015, 14 (2): 109 ~ 126.
[59] 甄伟丽, 朱欣民. 中国家电行业中的破坏性创新研究 [J]. 科技管理研究, 2009, 29 (7): 300 ~ 303.

[60] 周江华，仝允桓，李纪珍. 基于金字塔底层（BoP）市场的破坏性创新——针对山寨手机行业的案例研究［J］. 管理世界，2012（2）：112～130.
[61] 王俊娜，李纪珍，褚文博. 颠覆性创新的价值系统分析——以广东省LED照明行业为例［J］. 科学学研究，2012，30（4）：614～621.
[62] Paap J, Katz R. Anticipating disruptive innovation [J]. Engineering Management Review IEEE, 2016, 32 (4): 74～85.
[63] King A A, Baatartogtokh B. How useful is the theory of disruptive innovation? [J]. Mit Sloan Management Review, 2015, 57 (1): 77～90.
[64] West J K. Disruptive innovation [J]. Auto Tech. Review, 2015, 4 (12): 12～13.
[65] 李平，臧树伟. 基于破坏性创新的后发企业竞争优势构建路径分析［J］. 科学学研究，2015，33（2）：295～303.
[66] 石俊国，郁培丽，向涛. 破坏性创新技术体制与产业演化［J］. 科学学研究，2016，34（7）：1096～1102.
[67] Porter M. Competitive Advantage: Creating and Sustaining Superior Performance [M]. Free Press, 1985.
[68] Ashida M, Hara J I, Nagai K. Introduction: globalisation, value chains and development [J]. Ids Bulletin, 2001, 32 (3): 1～8.
[69] 潘成云. 解读产业价值链——兼析我国新兴产业价值链基本特征［J］. 当代财经，2001（9）：7～11.
[70] Bendoly E, Soni A, Venkataramanan M A. Value chain resource planning: Adding value with systems beyond the enterprise [J]. Business Horizons, 2004, 47 (2): 79～86.
[71] 李平，狄辉. 产业价值链模块化重构的价值决定研究［J］. 中国工业经济，2006（9）：71～77.
[72] 韩红丽，刘晓君，李玲燕. 基于产业价值链的产业升级机制解剖［J］. 技术经济与管理研究，2012（2）：97～101.
[73] 张少军，刘志彪. 国际贸易与内资企业的产业升级——来自全球价值链的组织和治理力量［J］. 财贸经济，2013（2）：68～79.
[74] 王岚. 融入全球价值链对中国制造业国际分工地位的影响［J］. 统计研究，2014，31（5）：17～23.
[75] 刘仕国，吴海英，马涛，等. 利用全球价值链促进产业升级［J］. 国际经济评论，2015（1）：64～84.
[76] Giziew A. Domestic Value Chain Analysis [M]. Saarbrücken: LAP LAMBERT Academic Publishing, 2014.
[77] Fold N. Value Chain dynamics, settlement trajectories and regional development [J]. Regional Studies, 2014, 48 (5): 778～790.
[78] El-Sayed A, Dickson M W, El-Naggar G O. Value chain analysis of the aquaculture feed sector in Egypt [J]. Aquaculture, 2015, 437: 92～101.
[79] Ylömäki, Tobias. Global value chain upgrading [J]. Etla Working Papers, 2016.
[80] Cerf V G. The disruptive power of networks [J]. Forbes Asia, 2007, 179 (10): 56, 62.

[81] Wahab S, Nor N A M, Al-Momani K. The relationship between e-service quality and ease of use on electronic customer relationship management (E-CRM) performance: an empirical investigation in jordan mobile phone services [C]//International Conference on E-Education, E-Business, E-Management, and E-Learning, 2010.
[82] 罗文. 互联网产业创新系统及其运行机制 [J]. 北京理工大学学报（社会科学版），2015, 17 (1): 62～69.
[83] 郭重庆. 互联网+："破坏性" 创新带来的变革 [N]. 文汇报, 2015-06-12 (6).
[84] Watts D J, Storgatz S H. Collective dynamics of "small-world" networks [J]. Nature, 1998, 393 (6684): 440～442.
[85] Barabasi A L, Albert R. Emergence of scaling in random networks [J]. Science, 1999: 286.
[86] Leontief W W. Quantitative input and output relations in the economic systems of the United States [J]. The Review of Economic Statistics, 1936, 18 (3): 105～125.
[87] Campbell J. Application of graph theoretic analysis to inter-industry relationships: the example of Washington State [J]. Regional Science & Urban Economics, 1975, 5 (1): 91～106.
[88] Ghosh A, Bugurnbe P K. Computation of an optimal ordering for an input-output matrix by an application of dynamic programming [J]. Economics of Planning, 1981, 17 (1): 20～22.
[89] Schnabl H. The subsystem MFA: a qualitative method for analyzing national innovation systems: the case of germany [J]. Economic Systems Research, 1995, 7 (4): 383～396.
[90] 关峻, 吴姗, 邢李志. 复杂网络视角下京津冀地区现代制造业竞争态势研究 [J]. 科技进步与对策, 2018, 35 (7): 51～57.
[91] 周勇, 李苗苗. 基于产业网络的东中部省份核心——边缘结构研究 [J]. 求索, 2018 (2): 85～93.
[92] 关峻, 徐泽磊, 邢李志. 全球产业集群发展关联网络模型研究——以汽车产业集群为例 [J]. 科技进步与对策, 2017, 34 (17): 72～79.
[93] 李茂. 北京市产业关联网络演变研究 [J]. 北京交通大学学报（社会科学版），2017, 16 (3): 13～21.
[94] 王浩宇, 孙启明. 京津冀区域关键产业识别与比较研究——基于复杂网络模型 [J]. 华东经济管理, 2016, 30 (12): 77～85.
[95] 邱斌, 叶龙凤, 孙少勤. 参与全球生产网络对我国制造业价值链提升影响的实证研究——基于出口复杂度的分析 [J]. 中国工业经济, 2012 (1): 57～67.
[96] 王燕, 崔永涛. 基于复杂网络的京津冀地区产业结构比较优势研究 [J]. 现代管理科学, 2015, 272 (11): 15～17.
[97] 方爱丽, 高齐圣, 张嗣瀛. 投入产出关联网络模型及其统计属性研究 [J]. 数学的实践与认识, 2008 (9): 34～38.
[98] 孙启明, 王浩宇. 基于复杂网络的京津冀产业关联对比 [J]. 经济管理, 2016, 38 (4): 24～35.
[99] 李守伟, 钱省三. 产业网络的复杂性研究与实证 [J]. 科学学研究, 2006, 24 (4): 529～533.
[100] 郭庆旺, 张旭明, 贾俊雪, 等. 我国公共基础设施行业经济表现评估——基于国有电力、

热力行业的案例分析［J］. 中国人民大学学报, 2005, 19（2）: 70～75.

［101］李茂. 我国四大直辖市产业关联网络比较研究［J］. 黑龙江社会科学, 2018, 168（3）: 71～78.

［102］李茂. 北京产业系统复杂性演化分析［J］. 中国市场, 2016（52）: 90～101.

［103］李茂. 北京产业关联网络的拓扑特征研究［J］. 北京社会科学, 2016, 157（5）: 57～67.

［104］赵炳新, 尹翀, 张江华. 产业复杂网络及其建模——基于山东省实例的研究［J］. 经济管理, 2011, 33（7）: 139～148.

［105］许英明, 邢李志. 经济体相对竞争优势和劣势的测度与仿真——基于国家间投入产出网络［J］. 经济问题探索, 2019（2）: 11～18.

［106］郭守前, 陈吟珊, 马珍珍. 基于复杂网络的产业碳值投入产出分析［J］. 经济与管理, 2016, 30（3）: 84～89.

［107］殷瑞瑞, 张志英, 孟庆春. 复杂网络视角下产业群治理研究［J］. 山东大学学报（哲学社会科学版）, 2019, 234（3）: 81～89.

［108］韩建飞, 陈鸣, 宗刚. 复杂产业网络脆弱性研究——以工业为例［J］. 现代管理科学, 2014, 14（4）: 52～54.

［109］张亮, 尹艳冰, 朱春红. 产业关联网络中的产业重要性算法研究——基于复杂网络中心性［J］. 经济与管理研究, 2014（3）: 96～102.

［110］文献, 邢李志. 基于复杂社会网络分析的产品部门中间人属性研究［J］. 工业技术经济, 2013, 32（10）: 108～116.